ATELIERS

D'ARCHITECTURE III:

LOGEMENT COLLECTIF DURABLE

CONCEPTION RÉGÉNÉRATIVE

ULG | ARGENCO | SBD

Copyright © 2016, SBD Lab, Prof. Dr. Shady Attia
ISBN 978-2-930909-02-8
Dépôt légal: 2016/13817/2
Attia, S. (2016) Yearbook 2015 Ateliers d'Architecture III: Logement collectif durable et conception régénérative, SBD Lab, Liège, Belgium, ISBN: 978-2930909028.

Atelier d'Architecture III A| 2015

ULG | ARGENCO | SBD

ULG | FSA | ARGENCO | SBD LAB
architecture régénératif, soutenabilité,
durabilité, bâtiments, design

www.sbd.ulg.ac.be/academic/StudioRegen/index.html

Enseignant(s):
Shady Attia, PhD, LEED AP
Professor of Sustainable Architecture and Building Technology
ArGEnCo Dept., Faculty of Applied Sciences, University of Liège
Quartier Polytech 1, Allée de la Découverte 9 (Office +0/542), 4000 Liège, Belgium
Tél: +32 43.66.91.55 - Fax: +32 43.66.29.09- email: shady.attia@ulg.ac.be
www.sbd.ulg.ac.be/

Olivier De Wispelaere
Assistant et Ingénieur Civil Architecte
ArGEnCo Dept., Faculty of Applied Sciences, University of Liège
Quartier Polytech 1, Allée de la Découverte 9 (Office -1/446), 4000 Liège, Belgique
Tél: +32 4 366 95 14 - email: o.dewispelaere@ulg.ac.be

Photograph
Julie-Marie Duro

Liège | Avril 2016

SOMMAIRE

RESUMÉ	7
OBJECTIFS	7
THEMATIQUE	11
CONCEPTION RÉGÉNÉRATIVE	23
PROGRAMME	28
PROCESSUS	33
MODALITES DIDACTIQUES	41
SCENARIO'S	41
BARZIN Charles	
DAVID Damien	
FANTOU Léa	
FRESON Thomas	
GATELLIER Baptiste	
OZKAN Muhammed Furkan	
GRELLA Maxime	
JACQUEMIN Perrine	
LECOMTE Lucas	
MATTHYS Coralie	
PAESMANS Mathieu	
PINCKAERS Catherine	
SEVIN Matthieu	
STYLIANIDIS Eleftherios	
TAGNY Dominique	
VERGNAUD Chloél	
CONCLUSION	84
EPILOGUE	88
PARTICIPANTS	90
REPERES BIBLIOGRAPHIQUES	92
REMERCIEMENTS	94

ATELIERS D'ARCHITECTURE III: LOGEMENT COLLECTIF DURABLE

RESUMÉ

Par une approche se situant à différentes échelles d'intervention : de l'habitat multiple et complexe au détail constructif, l'atelier visera à explorer les stratégies d'architecture durable permettant de réorienter le développement et générer des modes de construction durable.

Mots-clés
Projet architectural, durabilité, architecture régénératif, maison passive

OBJECTIFS

Contenu
Les activités de l'atelier se conçoivent comme une synergie entre ces apports théoriques interdisciplinaires, l'expérimentation concrète de l'approche durable régénérative et de leur intégration dans le projet architectural. Cette démarche permet d'aborder les questions de cohérence conceptuelle, spatiale et expressive, tout en explorant simultanément les modalités permettant aux enjeux de durabilité de devenir une matière première pour l'architecte. Il s'agit en particulier d'étudier les interactions entre les questions de densité, de mixité et de qualité de vie, de projeter des bâtiments intégrant des principes d'architecture bioclimatique et de développer des détails constructifs en accord avec les notions de base de la durabilité concernant l'énergie, l'eau ainsi que le choix des matériaux et leur mise en œuvre. L'exercice du projet repose sur la recherche de solutions adaptées au développement d'un bâtiment de logement collectif, passif et régénératif. Il est élaboré successivement à l'échelle spécifique de la forme urbaine, de l'ensemble bâti, du bâtiment et de ses composants.

Compétences requises
- Cours prérequis obligatoires, base d'acquis nécessaire
- Atelier d'architecture I et II ARCH0070/1-1 & ARCH3260/1-1
- Prérequis souhaité
- Histoire de l'architecture et Histoire de l'urbanisme ARCH0067-5 & ARCH0071-2
- Méthodologie du projet architectural 1 et 2 ARCH0002-1 & ARCH0006-2
- Techniques de construction de bâtiments 1 & 2 ARCH32588-1 & ARCH0009-3
- Mécanique des matériaux 1 MECA0001-1
- Matériaux de construction GCIV0184-5

Fig.1 Green wall, Venlo Municipality, (Source: SBD Lab, Mai 2015)

Acquis de formation
A la fin de ce cours l'étudiant doit être capable de:
- Analyser les enjeux propres à la transformation des structures urbaines européennes post-industrielle dans une perspective de durabilité régénérative.
- Explorer par le projet les enjeux propres (énergie, eau, matériaux) à la recherche d'une contribution de l'architecture à la ville durable.
- Concevoir - de manière à la fois créative et rigoureuse - un projet architectural cohérent à différentes échelles d'intervention (forme urbaine, ensemble bâti, bâtiment et enveloppe).
- Identifier les échelles adéquates au développement du projet architectural dans ses différentes phases.
- Concevoir un scénario constructif jusqu'à l'étude de détails significatifs.
- Défendre le projet architectural par l'oral, l'écrit, le dessin, la visualisation et la maquette.
- Transposer les apports théoriques dans l'élaboration du projet.

Compétences transversales
- Organiser son travail et coordonner une équipe pour développer, se mettre d'accord et rendre un plan de travail.
- Accéder aux sources d'informations appropriées et les évaluer.
- Persévérer en dépit des difficultés ou d'erreurs initiales pour trouver une solution optimale.
- Documenter et communiquer un projet.
- Planifier les activités de manière à exploiter au mieux le temps imparti.

Méthode d'enseignement
- Présentiel de septembre à décembre: Cours théoriques, visites, conférences, critiques
- Forme du contrôle: Travaux Continu, Jury, Rendu Finale

Crédits et charge de travail
- Crédits: 4 ECTS
- Théorie : 8 h
- Travaux pratiques: 12h
- Laboratoire: 0
- Projet: 92h
- JJT: 1 jour
- Session d'examen: Hiver
- Forme du contrôle: Travaux Continus, Jury, Rendu Finale
-

Evaluation Globale
Contrôle continu, rendus intermédiaires et jury final

Fig.2 Venlo Municipality Office Building, Cradle to Cradle certified (Source: SBD Lab, Mai 2015)

THEMATIQUE

VERS UNE VILLE RÉGÉNÉRATIVE ET DURABLE

Les changements radicaux nécessaires pour que la Terre 'demeure propre a l'habitation humaine' exigent que les visions du monde évoluent du 'mécanise' a 'l'écologique'. Les tendances de dispersion spatiale et de dissociation fonctionnelle poursuivie par l'environnement construit dans les dernières décennies entrent en contradiction avec la recherche d'impact positif de l'environnement bâti sous-tendu par les principes de durabilité. L'étalement urbain engendre en effet non seulement une consommation conséquente de sol, mais également des impacts environnementaux, des disparités socioculturelles et des coûts collectifs accrus. Face à ce constat, le projet architectural est amené à jouer un rôle central dans la recherche d'alternatives permettant de réorienter le développement urbain vers l'intérieur, de densifier le bâti à proximité des transports publics, de régénérer des bâtiments avec un impact positif sur l'environnement et de générer des modes de construction durable.

Par une approche se situant à différentes paradigme de développent durable, l'atelier visera à analyser, explorer et expérimenter les enjeux propres à cette recherche de contribution de l'architecture régénérative à la ville durable.

Une question clé qui se pose est de savoir comment ceux et celles qui travaillent sur le cadre bâti – un domaine qui a un impact important sur les ressources et les systèmes mondiaux – peuvent le mieux contribuer à une transition harmonieuse rapide. **Il est proposé que les praticiens du design puissent faciliter cette réponse dans le cadre bâti par la mise au point, l'application et l'évolution de nouvelles méthodologies globales, par l'expression modèle d'un nouveau paradigme d'architecture durable régénérative.**

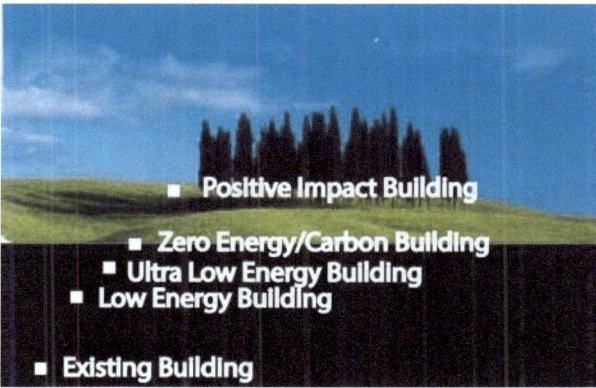

Fig.3 Clay finishing of the first Strawbale Neighborhood in the Netherlands, Nijmegen (Source: SBD Lab, Feb 2015)

Fig.4 L'architecture régénérative: Peut-il verser l'impact négatif de la construction et créer un impact positif? (source: Attia 2011)

Fig.5   Marche en Famenne – Localisation du site dans le contexte urbaine (Source: google earth, 2015)

UN PROJET STRUCTURANT

La mise en œuvre d'un Quartier Nouveau dans le prolongement de l'entité de Marche-en-Famenne participe à la structuration du territoire régional. En effet et selon le SDER, il apparaît la nécessite que l'entité de Marche-en-Famenne devient un pôle urbain d'importance stratégique en province du Luxembourg.

A la croisée d'un réseau routier et ferroviaire, elle jouit d'une accessibilité aisée et distribue les entités plus rurales de la province. Par ailleurs, l'accueil de plusieurs équipements de grande envergure – plusieurs parcs d'activités économiques, l'hôpital Princesse Paola, le camp militaire Roi Albert, le hall polyvalent du WEX, les divers services administratifs, etc. – lui assure une zone d'influence bien plus large que le cadre strictement local ; Marche-en-Famenne a un effet polarisant sur les communes alentours et oriente, voire entraîne, leur développement. C'est également un pôle d'emplois d'importance en Wallonie (ratio de 65 emplois / 100 habitants – valeur quasi-record en Wallonie).

CONTEXTE URBAIN

Marche est une ville de 20 000 habitants située sur le plateau de la Famenne (territoire de transition entre le Condroz et l'Ardenne). Malgré sa taille modeste, sa position stratégique au milieu d'un bassin de population 100 000 personnes vivant essentiellement en zone rurale, lui confère e titre officieux de capitale.

Ses origines remontent au moyen âge. A cette époque, c'est un point de repère territorial qu marque les frontières des sphères d'influence entre les Duché de Namur, du Luxembourg et la Principauté de Liège. Situé à la croisée de routes régionales de grande importance, le bourg s'est développé autour de la dépression créée par la Marchette, affluent de l'Ourthe, qui traverse l'entité

Du fait de sa position stratégique, la ville se voit très vite équipée d'institutions d'importance comme une cour de justice. Des congrégations religieuses s'implantent également dans la foulée et oeuvrent à l'édification de la stature de la ville. Lors de périodes de troubles au Xve siècle, l'importance militaire de la zone apparaît. Celle-ci entraine la fortification de la ville.

Au XVIIIe et au XIXe, Marche est assez épargnée par les boulversements de la révolution industrielle. En effet, la ville et la région ne possèdent pas de ressources minières ou de fleuve, principaux vecteurs de l'industrialisation.

Pour autant, elle ne périclite pas non plus mais développe son rang de chef lieu régional au milieu d'un territoire agricole dont le rôle est de produire les denrées qui nourissent les populations ouvrières parties tenter leur chances dans les bassins industriels.

En 1806, un grand incendie ravage la ville. A cette occasion, la ville sera entièrement reconstruite. Le bâti ancien que l'ont peut aujourd'hui admirer dans le centre historique date du XIXe mais a été reconstruit sur le parcelaire médiéval ancien. La ville étant devenue étriqué et trop dense à l'intérieur de ses murs, c'est à cette occasion que les remparts devenus obsolètes sont également démentelés.

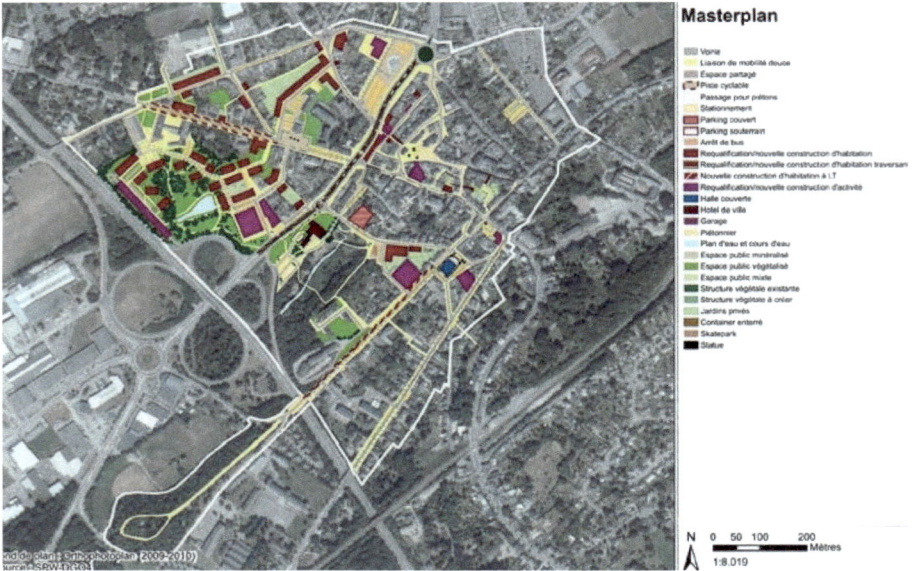

Fig.6 Marche en Famenne – Masterplan (Source : SPW DG04 and Pluris)
Fig.7 Contexte urbain général photo du site, March en Famenne (Source: SPW-DG04)

Marche développe alors un caractère bourgeois de province qui lui est volontiers reconnu jusqu'à nos jours. L'église, très active, compte jusqu'à trois congrégations différentes implantées sur l'entité. Elle prend en charge l'enseignement, ce qui renforce encore le caractère de pôle régional de la ville. Le chemin de fer fait son apparission et une gare est ouverte sur la ligne de l'Ourthe qui relie Liège à Luxembourg par Marloie.

Durant les conflits armés du Xxe siècle, la ville est (miraculeusement) assez épargnée compte tenu de son intérêt stratégique. Bien que très convoitée pour le nœud de voies de communication qu'elle constitue (4 routes nationales + le chemin de fer), elle ne sera pourtant pas bombardée massivement et ne souffrira que de destructions mineures.

Durant la seconde partie du Xxe, malgré le développement de l'automobile, elle perdra paradoxalement peu à peu de son importance à cause de l'avènement des autoroutes.

En 1970, l'implantation d'un vaste casernement militaire et cahmp de manœuvre au nord ouest de la ville va redynamiser la région. A partir de cette période, Marche retrouve un nouveau souffle liée à l'apparition de ces nouvelles activités et de l'augmentation démographique qu'elle génère sur l'entité. Des zonings d'activités se développent, puis le Wex (hall évènementiel). Peu à peu la ville consolide et re-développe son statut de polarité régionale.

Parallèlement à ce renouveau économique et social, des travaux sont entrepris pour augmenter la qualité de vie dans la ville et moderniser les structures viaires. Une partie du centre est tout d'abord piétonisé et une première phase de rénovation urbaine sauve de la décrépitude le patrimoine bâti délaissé.

Puis, une réflexion urbanistique plus large est menée. Afin d'éviter l'exode urbain au profit de la péri-urbanisation et d'inciter les acteurs de ce renouveau local à demeurer en ville, les autorités mettent en place un plan de re-déploiement urbain. La circulation de transit qui a fait jadis toute la prospérité de Marche comme carrefour d'importance et est devenu un problème de traffic au quotidien. La ville est perpétuellement embouteillée et la qualité de vie en souffre énormément.

Le projet de redéploiement urbain prend forme sous les traits d'un master plan. Celui-ci revoit la circulation de transit sur des contournements périphérique et transfome les anciennes assiettes des voies nationales en boulevard urbain à l'intérieur de l'agglomération. Parallèlement à ce travail de requalification de voiries, un ambitieux programme de rénovation urbain par quartier voit le jour.

Ce plan a pour ambition de restaurer et d'augmenter la qualité de vie dans les poches d'habitat existantes et d'en développer des nouvelles afin de densifier l'entité de manière plus homogène. L'objectif ultime de ce projet de requalification à long terme est de pérenniser la vie urbaine à Marche. En effet, les fonctions telles que l'enseignement, le commerce de proximité mais aussi le transport en commun ou la persistence des institutions ont besoin d'une densité minimale de population pour perdurer et prospérer.

En d'autres termes, la ville a besoin d'une croissance de qualité pour durer. Les enjeux de finitudes des ressources – entre autres foncières – exigent que cette croissance soit peu consommatrice de terrain, génératrice d'économies de matériaux et d'énergies, le tout en créant une qualité de vie augmentée.

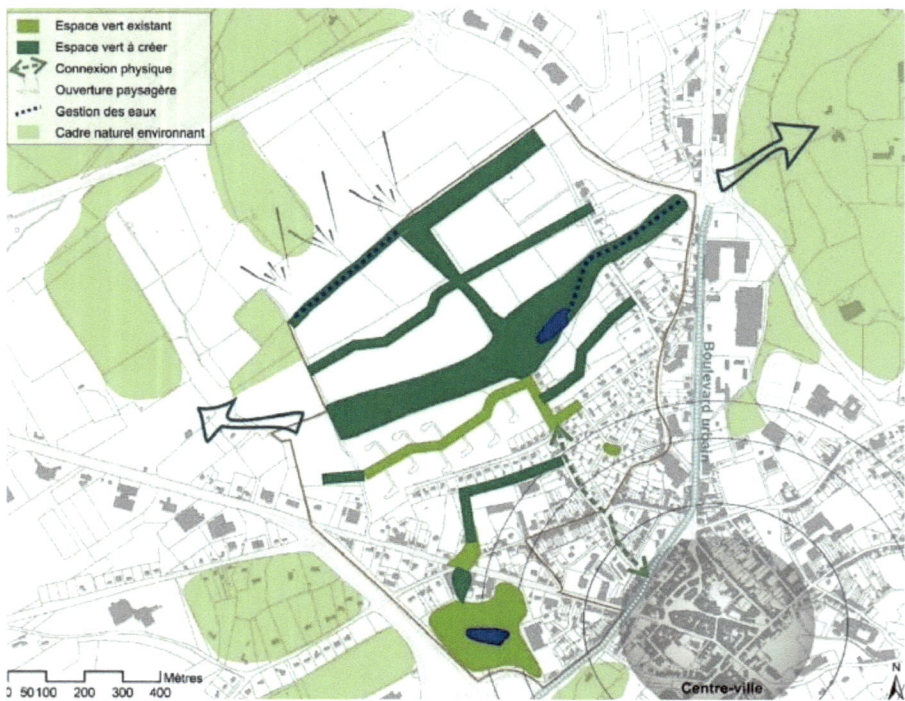

Fig.8   Marche en Famenne – Zoom Masterplan (Source : SPW DG04 and Pluris, Liège)
Fig.9   Marche en Famenne –Masterplan Phase 1 (Source : SPW DG04 and Pluris)

PROJET DE QUARTIER

Marche est une ville de 20 000 habitants située sur le plateau de la Famenne (territoire de transition entre le Condroz et l'Ardenne). Malgré sa taille modeste, sa position stratégique au millieu d'un bassin de population 100 000 personnes vivant essentiellement en zone rurale, lui confère le titre officieux de capitale.

Une vision vers le futur

Un tel projet de Quartiers Nouveaux ne peut se mettre en place sans une vision claire et définie sur le long terme. Pour nous ces quartiers devront être porteurs d'une véritable philosophie. Celle-ci se voudra être une ligne de conduite à l'ensemble des différents projets futurs qui vont s'y développer.

Nous voulons pour le développement futur de Marche-en-Famenne une vision à l'aspect de charte urbanistique et architecturale. Nous voulons prôner une vision innovante pour des quartiers qui deviendront, in fine, une porte d'entrée de la ville.

Nous voulons définir un urbanisme moderne et durable au sein duquel les quartiers seront traités à l'échelle humain, environnemental et économique. Nous voulons créer des quartiers de caractère, avec une âme et une identité à l'échelle de la ville et de ses habitants. Des quartiers avec un impact positif sur l'environnement bâti sous-tendu par les principes de durabilité et intégrant les aspects d'égalité socioculturels et multigénérationnelles, coûts collectifs efficace, matériaux, énergie, eau et biodiversité dans un concept urbain global.

Cela passera par un développement stratégique de Marche-en-Famenne en termes de mobilité. La ville sera ainsi recentrée à l'intérieur de ses limites territoriales. La mobilité sera également structurante et orientée vers une ville connectée et fluide. Le contournement nord deviendra le nouveau rempart de celle-ci. Un rond-point sera construit sur la N4 afin de permettre le retournement entre l'échangeur du contournement et la nouvelle entrée de la ville.

Nous voulons également développer une architecture exemplaire et contemporaine axée sur des constructions durables tout en mettant l'accent sur des matériaux wallons, locaux et régénératives. L'économie et production d'énergie et l'intégration des technologies avancées et connectée seront aussi une des priorités pour un quartier intelligent (smart).. L'esthétique aura une importance dans le développement des projets. Nous voulons des façades contemporaines. Elles devront être vivantes et chaleureuses afin de refléter la qualité de vie des sites créés.

Fig.10 Photo du site, March en Famenne (Source: SPW-DG04)
Fig.11 'People Planet Profit' adage (Source: : SBD Lab, 2014)

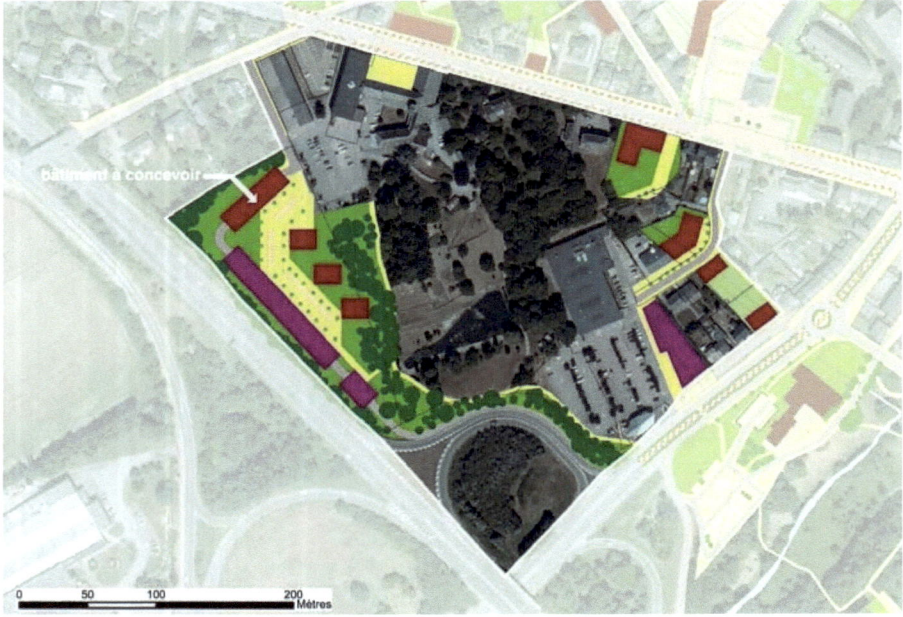

SITE DE L'ATELIER

Situé au sud-ouest du centre historique, le site choisi pour l'atelier est e parc St François. C'est le plus grand espace vert contenu dans périmètre de requalification urbaine du master plan. Il abrite également le seul plan d'eau de la ville par lequel transite le cours de la Marchette. Il doit son nom à l'implantation de la congrégation des franciscains en bordure du site. Ces derniers ont créé et dirigé le collège St François durant presque a totalité du Xxe siècle. Le parc était leur jardin.

Le site est refermé au sud-ouest par le tracé de la N4 dont les déblais ont probablement été stoqués sur le terrain jusqu'à en modifier le relief. A l'Est, sa connexion au nouveau boulevard urbain (Avenue de France) est parasitée par la présence d'un Delhaize et son parking. Cette interface doit être aménagée et améliorée dans le futur avec le déplacement du Delhaize à front de voirie. Au nord, le site est désservi par la rue Victor Libert (soit l'ancien tracé de la N4). Le long de cet axe, un bâti épart et pavillonaire d'échelles variables, tient le site à distance de la voirie. Il en va de même le long de la rue Bois Notre Dame sur le dernier coté du site même si celle-ci est de gabarit plus modeste.

De l'analyse rapide de ces quatres cotés, ont peut constater la relative difficulté d'accession au site. Le master plan prévoit de reconnecter à la ville ce vaste espace vert peu connu et usité des marchois. Pour se faire, un travail d'aménagement des entrées du parc est prévu et nécessaire. Mais c'est aussi l'occasion de développer un programme mixte et ambitieux de construction de logements et de services ; ceci dans le but de remettre l'espace vert au coeur de la ville par déplacement de son centre de gravité.

Le bâtiment que vous aurez à concevoir est une immeuble de logement collectif qui se situe sur la partie nord de ce vaste terrain. Il est destiné à être construit durant la première phase d'application du master plan sur cette partie de la ville.

ENJEUX DE PERFORMANCE

Cet atelier consiste à étudier de manière approfondie les techniques curables du bâtiment en termes de conception régénérative et d'intégration des aspects de matériaux, énergie, eau et biodiversité dans un concept architectural global. Les conférences et cours théorique porteront sur ces thèmes présentant un lien direct ou indirect avec les phases du projet d'atelier. Sur la base des trois enjeux environnementaux chaque étudiant doit définir un concept répondant à des critères de durabilité. Cette proposition s'intégrera de manière cohérente avec la proposition urbanistique de l'ensemble du site. Un cycle de conférences sera donnée sur la conception régénérative et les trois thèmes environnementaux (matériaux, énergie, eau et biodiversité).

Conférence 1 : L'architecture durable: la conception régénérative
Conférence 2 : La conception bioclimatique et le standard passif
Conférence 3 : L'humain et leur bien être et qualité de vie
Conférence 4 : Les systèmes et matériaux de construction
Conférence 5 : L'énergie et la production d'énergie
Conférence 6 : Gestion de l'eau
Conférence 7 : La biodiversité et la qualité d'air

SCENARIOS

Densité et forme urbaine

Un des enjeux du dévelopement durable consite à redéployer du bâti (et spécifiquement du logement) à l'intérieur les centres ville et po arités urbaines. Que ce soit en ré-investissant des bâtiments ou ensembles bâtis à l'abandon ou par la construction d'ensembles neufs dans des friches, l'objectif est de proposer des alternatives crédibles à l'extension périurbaire, par la création d'une offre rencontrant qualité et densité. La mixité et la complémentarité ces fonctions sont des objectifs parallèles à rencontrer, tout comme le potentiel de réversibilité ou de transformation furtur du bâti déployé. L'atelier se concentrera sur cette question centrale du retour en ville.

- Par une approche de la forme urbaine adaptée à l'identité du quartier, les projets se pencheront dans un premier temps sur la question de la densité des constructions, et sur la relation entretenue par les nouveaux ensembles bâtis avec son environnement (gabarits, rapport au contexte et au paysage).
- Par une étude des relations hiérarchiques et spatiales entre es pleins et les vides, la formalisation des bâtiments visera ensuite à travailler une volumétrie dense et des dégagements adéquats pour accueillir des logements. A l'échelle du bâtiment, les projets exploreront plus spécifiquement les questions de compacité, d'orientation, d'expression, de typologie, de seuil et de flexibilité.
- Par une étude détaillée des espaces créés, les projets exploreront ensuite le rapport entre l'intérieur et l'extérieur. Par une approche simultanée des questions perceptives et techniques, une partie d'immeuble sera conçue, afin d'explorer de manière approfondie le rapport entre l'espace construit et l'espace perçu.

En plus des dimensions mentionnées ci-dessus, les questions de la durabilité du bâti, notamment celles liées à la conception climatiquement équilibrée de l'espace et à l'intégration de certains paramètres environnementaux (énergie, eau, biodiversité), feront partie intégrante de la démarche et seront intégrées aux revues successives des projets

Fig.12   Photo de site de projet

Fig.13 People Planet Profit' adage (Source: : SBD Lab, 2014)

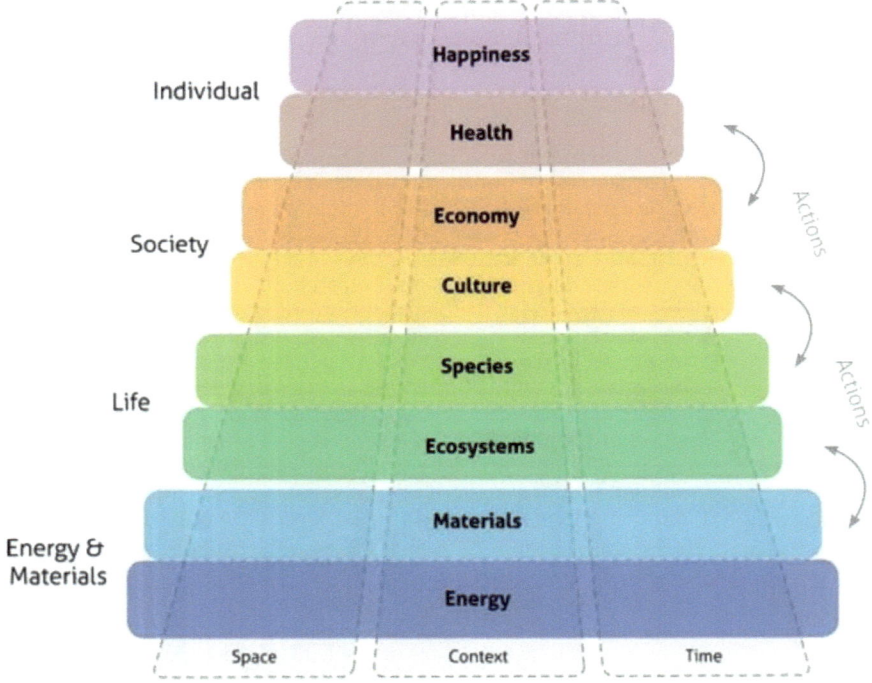

Fig.14 ELSIA sustainability indicators and Categorization System (Source: Symbiosis in Development)

Fig.15 Biosphere (source : Douglas Mulhall and Michael Braungart, 2010)

Fig.16 Technosphere (source : Douglas Mulhall and Michael Braungart, 2010)

CONCEPTION RÉGÉNÉRATIVE

Le terme « régénératif » décrit un procédé qui répare, recréer ou re-vitalise ses propres sources d'énergie ou de matière. C'est un système durable qui calque les besoins d'une société sur l'intégrité et l'équilibre de la nature. Le concept d'un design régénératif est donc de créer un cercle vertueux, dans lequel la consommation des matières et des énergies, lors d'un processus, est équilibrée par la création de produits (ou sous-produits) et d'énergies - en quantité et qualité identiques dans le temps - qui sont les conséquences d'une conception appropriée. Appliqué au champ de l'architecture, l'enjeu de concevoir des bâtiments à impact positif, est d'intégrer un certain nombre de contraintes afin de garantir que le projet dans son ensemble sera capable - à l'échelle de sa propre vie - de reproduire et de recréer l'ensemble de ses composants et de l'énergie qu'il a consommé pour être bâti et fonctionner.

PRINCIPES DIRECTEURS:

Le but de la conception régénérative et du dévelopement durable est un monde qui célèbre la diversité, sain et juste ; avec de l'eau, des sols et de l'air propre ; une énergie économique, équitable et écologique au bénéfice de tous. Cinq principes majeurs doivent être rencontrés pour rencontrer cet idéal de félicité :

Santé

Chaque composé chimique présent dans un produit à plus de 0,01% (100 ppm) doit être répertorié et évalué par rapport à 19 critères de santé humaine et environementale. Chacun de ces composés reçoit ensuite un note allant du vert au jaune, rouge ou gris selon leur niveau de dangerosité. Tous les fabricants sont tenus d'optimiser la salubrité de leur produits dans le but d'éliminer tous les produits chimiques toxiques ou non identifiés.

Re-utilisation

Chaque produit doit être capable de se biodégrader sans danger en nutriment biologique ou d'être recyclé en nouveau produit comme nutriment technique. Tous les fabricants sont tenus de développer et d'implémenter des stratégies pour clore la boucle de vie de leur produits avec un objectif de 100% de récupération ou de ré-emploi.

Energies renouvelables

L'énergie qui a été nécessaire à la production d'un produit doit être calculée. Tous les fabricants sont tenus d'augmenter la part des énergies renouvelables dans leur procédés de fabrication avec un objectif de 100% de son usage en fin de ligne de production.

Gestion des eaux

Il est attendu des fabricants qu'ils procèdent de manière à respecter l'accès de toute chose vivante à une eau propre et saine avec le but ultime de rejeter une eau plus propre à la sortie de l'usine qu'elle n'y est rentrée.

Responsabilité sociale

Il est attendu des fabricants qu'ils exercent leurs activités économiques dans le respect de la santé, la sécurité et de la diversité de toute chose vivante et qu'ils aient pour aspiration d'avoir un impact complètement positif sur leur communautés.

CONCEPTION DES STRUCTURES :

Des systèmes

La conception régénérative consiste, entre autre, à anticiper les évolutions multifonctionnelles des batiments du futur. Dans une société qui évolue de plus en plus vite, nos bâtiments ont besoin de pouvoir s'adapter rapidement aux changements et aux nouveaux enjeux socio-culturels et démographiques. Il est donc essentiel d'anticiper ces évolutions et d'intégrer des approches permettant au batiment de s'adapter à une variété d'usages à travers le temps. De nos jours, des quantités gigantesques de matériaux de construction se retrouvent en décharge ou à l'incinérateur bien avant d'avoir perdu toute qualité ou usage. La figure 19 montre l'énorme potentiel de matériaux à récupérer ou à ré-intégrer dans les circuits de consommation. En premier lieux, il est capital de définir un choix raisonné en matière de systèmes constructifs et structurels, telles que les colonnes, les poutres et les dalles afin de pouvoir les upcycler par la suite.

Les systèmes constructifs régénératifs peuvent rendre plus aisé le démentellement des structures et de ce fait, la récupération, la valorisation, la modification ou la transformation des matériaux de construction. Une architecture durable permet aux futurs utlilisateurs de

Fig.17 Visitor Center, Bernheim Arboretum and Research Forest (McDonough Architects)

Fig.18 Paille-Tech Straw Panels, modular designs of building systems for value-added materials recovery (pailletech.be)

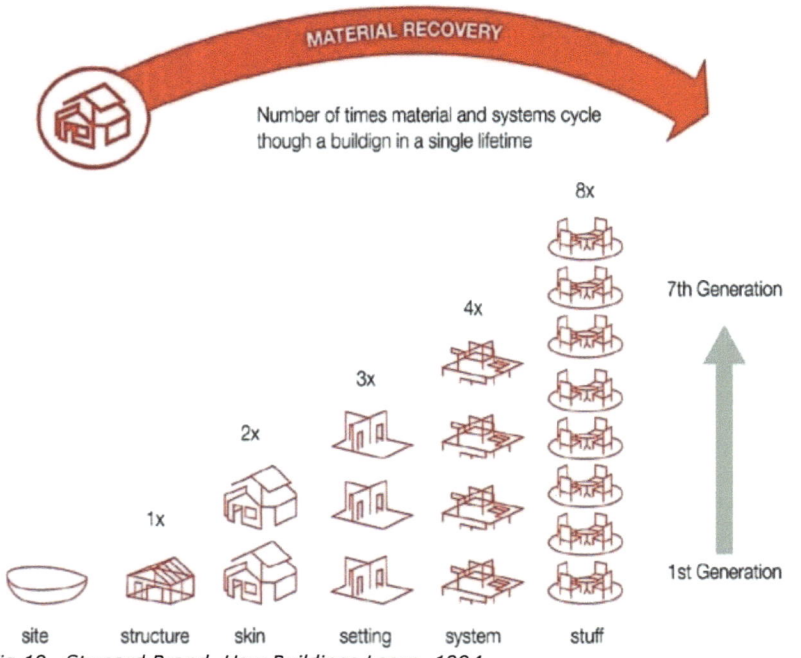

Fig.19 Stweard Brand, How Buildings Learn, 1994

démenteler ou dé-assembler un bâtiment en ses éléments et composants, ceci afin d'augmenter la résilience du bâtiment en terme de multifonctionnalité et souplesse d'interprétation de spatialité et d'usage. La conception modulaire des systèmes constructifs permet le ré-emploi des composants et des matériaux, en même temps qu'elle augmente la capacité multifonctionnelle des usages des bâtiments. Pour votre projet, vous devez concevoir un système constructif modulaire qui permette un maximum de flexibilité spatial dans le bâtiment (et donc d'usages) et qui puisse être re-démonté facilement en éléments de construction ré-utilisable. Il existe des exemple de mise en oeuvre de ces préceptes en structure bois, métal, béton, voir même en maçonnerie portante ; les structures modulaires (telles que les container) ou les structures aciers minces sont d'autres pistes d'investigation. Votre système doit être conçu pour une composition à base d'éléments et de produits qui permettent la modification du bâtiment par addition ou soustraction de couches constructives.

Des éléments

Une fois que le système a été choisi, le designer doit réfélchir aux éléments constitutifs de ce dernier afin d'augmenter la valeur conceptuelle du bâtiment. En fonction de la situation géographique et climatique, certains éléments peuvent se montrer plus opportuns afin de garantir la qualité architecturale ; on peut citer par exemple : les jardins, la présence d'arbres, les murs végétaux et autres toitures vertes ou jardin, les citernes de collecte d'eau de pluie, les filtres biologiques, la présence d'un atrium, les panneaux photovoltaiques, etc... L'integration d'éléments régénératifs procure qualité et impact positif sur le projet. Les éléments régénératifs d'une construction ont pour but d'améliorer la qualité de l'air, de l'eau, la biodiversité, l'usage de matériaux sains, la diversité culturelle et sociale, la fonctionnalité, la mobilité et de générer de l'énergie positive. Identifier et choisir les éléments régénératifs opportuns à intéger dans sa conception est essentiel pour garantir l'impact bénéfique d'un projet d'architecture.

Fig.20 Atrium garden Alterra, Wageningen (Behnish Architects)

Des produits

La dernier volet de la conception régénérative est d'optimiser le processus de choix des matériaux et d'intégrer des produits certifiés dans le bâtiment afin d'en augmenter la valeur. Les produits certifés C2C ou eco-labels similaires génèrent moins de déchet et de gaspillage car ils sont issus de cycles bénéficiaires de la biosphère ou la technosphère. Choisir des produits de construction régénératifs est une garantie que les composants du bâtiment sont sains, sûrs et bénéfiques pour les hommes comme l'environnement. Ces composants ou produits sont conçus de telle sorte que leurs ingrédients puissent être ré-introduits en toute sécurité dans les cycles naturels ou industriels et soient assemblés ou produits avec de l'énergie 100% renouvelable et non polluante. Les produits régénératifs sont conçus de manière à protéger et augmenter les ressources en eau propre (ceci comme base à une justice sociale et environnementale). L'usage de tels produits génère également des partenariats en chaine ayant pour but de valider chaque intermédiaire au sein d'un processus de production. Des mécanismes de récupération et valorisation des matériaux mais aussi des déchets ou de synergie de process voient le jour entre les acteurs de ces chaines. Si bien qu'avec la muliplicité des intervenants, les procédés finissent par boucler sur eux-même et les systèmes de devenir des cycles vertueux bénéfiques pour les biotopes naturels et industriels. Par le fait d'attribuer un passeport à chaque matériaux et de créer une base de donnée dans un bâtiment, on facilite le ré-emploi dans le futur.

Fig.21 Gyproc C2C Gypsum Boards (gyproc.be)

Fig.22 Béton de Chanvre en brique (chanvreco.be)

Fig.23 Derbipure membrane non-bitumineuse à liant végétal (derbigum.be)

Fig.24 Brique argile crue (argibat.be)

Fig.25 Mur en bloc et isolation de chanvre, conforme avec le standard passif (Isohemp.be)

PROGRAMME

ENJEUX DE COMPOSITION

Dans le contexte pré-déterminé d'un master plan global plannifié à l'échelle de la ville de Marche en Famenne, l'atelier se concentrera sur la question du retour en ville, en étudiant le dévelopement de logements à intégrer dans le vaste plan de re-déploiement urbain entériné par l'entité.

L'immeuble que nous allons concevoir comprend un ensemble de 15 logements de 4 types différents. S'inscrivant dans une approche de durabilité, les projets exploreront le thème de la densité et respecteront dans ce sens une surface bâtie de 3000 m2 SBP (surfaces brutes de plancher) à répartir sur l'ensemble du terrain. Cette surface correspond à un nombre estimatif de 60 habitants. En termes de densité, elle conduit à un indice minimal d'utilisation du sol de 50m2/habitant, à considérer pour chacun des secteurs respectifs à urbaniser. En fonction des projets, dont le pourcentage de dessertes et d'espaces verts est par définition variable, l'indice d'utilisation du sol des secteurs bâtis pourra se révéler supérieur.

Implantation, gabarits et aménagements

Compte tenu de l'existence du master plan, il vous est demandé de respecter l'implantation soit la position, l'orientation et le gabarit donnés pour votre bâtiment. Toutefois, vous n'êtes pas tenus de consommer tout l'espace dédié et pouvez proposer certaines adaptations légères de forme, dimensions ou positionnement.

Concernant le gabarit, il vous est demandé de concevoir un bâtiment ou ensemble de bâtiments comprenant 4 à 5 niveaux (espaces enterrés ou semi-enterrés compris). Le développement des différents logements peut se faire horizontalement par plateau ou verticalement par l'intermédiaire, par exemple, de duplex.

En déclinaison du master plan, il vous est également demandé de gérer les aménagements autour de votre bâtiment en y prévoyant les voies d'accès (piétonne, voiture, etc...), les jardins privés, les jardins ou parties communes soit semi-publiques ou publiques proches.

Pour ce qui est des jardins privés, aucune prescription n'est strictement arrêtée mais il vous est demandé d'en prévoir un maximum sans pour autant en attribuer à chaque logement. L'équilibre est à trouver entre qualité et quantité ; soit entre un certain degré d'intimité, de générosité et d'accessibilité et le nombre qu'il est possible de ménager.

Contraintes spécifiques

La maitrise des apports de lumière naturelle et de l'impact du rayonnement solaire sur le comportement thermique du bâtiment fera l'objet d'une attention poussée. Plus généralement, la gestion des énergies et de la thermique fera l'objet d'études particulières, au même titre que les cycles de gestion de l'eau et l'étude des matériaux mis en oeuvre pour concevoir vos bâtiments. Ces 3 aspects font l'objet de modules particuliers du cours.

En conséquence de ces enjeux, une attention spéciale de conception sera apportée à la superposition de gaines techniques principales - idéalement accessibles depuis les circulations communes. Des précisions quand aux spécificités techniques de ces gaines seront envisagées en séance en fonction des choix de conception posés par chaque étudiant.

Afin de ne pas complexifier d'avantage l'exercice, l'étude de la structure devra être le fruit d'un raisonnement simple et sain. Il vous est demandé de concevoir un bâtiment avec des portées réalistes, sans excentricités de charge trop importante, ni de complexité gratuite. Une attention particulière sera accordée à la mise en œuvre des techniques les plus appropriées à résoudre les aspects constructifs, le tout en lien avec le type de matériaux choisi pour porter le bâtiment.

Enfin, tous les logements doivent être accessible au Personnes à Mobilitées réduite (PMR) et au moins un logement de chaque type doit pouvoir accueillir un PMR

Quelques conseils de conception

Il est capital que votre composition prévoit dès le départ l'intégration des éléments techniques et des postures ou dispositions nécessaires au développement d'un bâtiment passif mais cela en gardant une souplesse de déploiement afin de conserver une certaine plasticité spatiale nécessaire à la mise au point des espaces de vie.

Une composition par juxtaposition progressive de surfaces prescrites n'a que très peu de chance d'aboutir à une solution viable dans l'exercice présent. Il vous est vivement conseillé d'attaquer la question par un travail allant du macro vers le micro ; du travail de la forme globale vers l'espace interne ; de l'organisation des qualités spatiales par la création de vide ou de creux dans la masse et de leur rapport au contexte.

Un enjeu important également à ne pas manquer réside dans la capacité à organiser le réseau constitué de l'ensemble des surfaces fonctions et espaces séparant l'espace public de la porte de chaque logement. Cet ensemble regroupant principalement des espaces de services et des circulations, réclame une organisation claire qui structure le bâtiment et la composition.

A ces espaces correspondent également des besoins propres et particuliers en terme de robustesse, de confort et d'agrément. La résolution de cette colonne vertébrale est capitale pour le bon développement de vos projets.

PROGRAMME DETAILLE

Remarques :
- Les surfaces brutes (B) comprennent l'épaisseur des murs et circulations.
- Les surfaces nets (N) comprennent uniquement les surfaces de plancher au sol.
- Pour les appartement, un facteur de conversion de 1,2 a été adopté pour cet exercice (B = 1,2 x N)
- Les surfaces prescrites et le dénombrement des types d'appartements sont des cibles à atteindre mais une certaine tolérance peut être acceptée en fonction des caractéristiques de chaque projet.

Appartement de type 1 (3x)

(S = 90B / 75N + 10 ext)   cible m2 (nets) :
Hall d'entrée   5
Local technique   1,5
WC séparé   1,5
Séjour   21
Cuisine   12
Salle de bain   10
Chambre 1   14
Chambre 2   10
Espace privatif extérieur   10

Appartement de type 2 (5x)

(S = 120B / 100N + 12 ext)   cible m2 (nets) :
Hall d'entrée   7
WC séparé   1,5
Local technique   1,5
Séjour   33
Cuisine   13
Salle de bain   12
Coin douche   5
Chambre 1   15
Chambre 2   12
Espace privatif extérieur   12

Appartement de type 3 (4x)

(S = 140B / 117 N + 18 ext)   cible m2 (nets) :
Hall d'entrée   8
WC séparé   1,5
Local technique   1,5
Séjour   33
Cuisine   14
Buanderie   5
Salle de bain   12
Coin douche   5
Chambre 1   15
Chambre 2   12
Chambre 3   10

Fig.26 Patio, Venlo, Floriade
(source: SBD Lab, 2012)

Appartement de type 4 (3x)
(S = 170B / 142N + 25 ext)   cible m2 (nets) :
Hall d'entrée   9
WC séparé   1,5
Local technique   1,5
Séjour   39
Cuisine   15
Buanderie   6
Salle de bain   12
Coin douche   8
Chambre 1   18
Chambre 2   12
Chambre 3   12
Chambre 4   9
Espace privatif extérieur   25

Espaces techniques
(S=1095B)   cible m2 (brutes):
Hall d'entrée, escaliers, cage d'ascenseur et couloirs   240
Cave (x15)   10
Parking vélo   50
Emplacements voitures (x15)   25
Box voiture (x7)   30
Local chauffage   20
Local eau   20
Local électrique   15
Local déchets   15

Espaces extérieurs
(S=1850B)   cible m2 (brutes):
Accès   300
Des jardins privatifs (total)   800
Un jardin collectif   750

PROCESSUS

Ce cours s'organise autour d'un projet de conception de bâtiment qui se basera sur des objectifs à la fois fonctionnels, constructif et de performance.

Avant de s'attaquer à la composition à proprement parler du bâtiment, une phase d'analyse de la demande et des potentialités du site sera menée personnellement. Les enjeux étudiés couvriront aussi bien des qualités inhérentes au terrain que l'analyse des demandes spécifiques de la commande.

Durant la phase de conception, la méthodologie de composition l'atelier s'inscrit dans un processus d'approches successives réalisées à des échelles de plus en plus ciblées, de la définition d'une forme urbaine jusqu'aux composants du bâtiment. Découlant de cette structuration, l'organisation du travail de l'atelier est rythmée par cinq étapes fondamentales :
- l'ensemble bâti
- la spatialité du bâtiment
- le system constructif
- les éléments régénérative du bâtiment et leur dimensionnement
- le choix des produits régénératives (de biosphère ou technosphère)

Enrichissant cette progression générale, le processus de l'atelier comprend également plusieurs phases d'itération entre les différentes échelles abordées. L'évolution du projet se nourrit ainsi de l'émergence, de la compréhension et de l'interprétation d'éléments appréhendés à une échelle plus vaste ou, à l'inverse, plus ciblée. Cette didactique - mêlant progression et itération - vise à favoriser l'apprentissage d'une recherche de cohérence sur l'ensemble des échelles d'intervention de l'architecte.

Pour les étudiants, cette démarche permet d'amorcer l'échafaudage d'un savoir conceptuel, projectuel et technique, dont les interactions - multiples et complémentaires - serviront de bases à approfondir dans la suite de leur cursus académique.

PROPOSITION D'UN BÂTI INTÉGRÉ À SON CONTEXTE

La première partie de l'atelier consiste à définir un ensemble bâti ou une proposition macro du parti architectural. Chaque étudiant travaille au développement d'un projet portant sur la manière d'urbaniser le terrain. Soit la définition d'une attitude face à l'implantation donnée, d'un rapport à la masse et au vide et la définition d'une morphologie. Cette démarche doit se faire en intégrant le rapport au paysage et aux aménagements périphériques permettant de s'intégrer au master plan. Cette phase est organisée sous la forme d'un développement individuel du projet. L'échelle d'analyse pour ce travail est celle du bâtiment dans son site, avec pour objectif concret une proposition volumétrique d'un projet à l'échelle 1/200. Cette approche permet d'appréhender l'échelle et de baliser les spécificités du bâtiment en vue des phases ultérieures du projet. Cette première étape permet d'amener différentes approches, à la fois convergentes et complémentaires. Elles serviront de base pour l'étape suivant, au cours duquel l'étudiant confrontera ses intentions aux réalités techniques et de spatialité interne de manière plus approfondie.

Fig.27 Visite Park 2020, Amsterdam NL (SBD Lab, 2015)

PROJET D'UNE SPATIALITÉ INTERNE DU BÂTIMENT
Une fois une volumétrie définie, l'élaboration architecturale d'une spatialité interne en adéquation avec la proposition envisagée doit être abordée. Cette phase d'aménagement du programme et d'organisation interne des espaces doit être itérative et nécessite des mises à jour incessantes avec la première phase. La proposition va s'en trouver irrémédiablement modifiée. Le but n'est pas ici de s'approcher au maximum d'un idéal figé au risque de ne pas rencontrer la demande mais plutôt d'arriver à faire évoluer le projet vers une solution convergente qui préserve ou augmente les qualités d'origines au fur et à mesure de l'adaptation de la proposition alors soumises aux contraintes du développement de l'espace interne. Réalisée sous forme de travail individuel, cette phase comprend l'approche à l'échelle 1/100 des appartements et espaces collectifs d'accueil, de circulation ou technique.

Il s'agit en particulier de proposer une vision architectonique, dont les spécificités d'organisation, de typologie et de spatialité sont décisives pour la qualité de vie en milieu urbain. La proposition comprendra ainsi des espaces intérieurs et extérieurs, dont l'articulation propose une appropriation «sur mesure» des atouts du site (orientation, dégagement, vues, rapport au sol), du programme et de la forme urbaine. Complémentaire à l'approche typologique, un travail spécifique portera ensuite sur les thématiques relatives aux questions de la durabilité du bâti, en particulier sur l'intégration de certains paramètres environnementaux (matériaux, énergie, eau, biodiversité).

Sur la base du concept d'habiter et des réflexions spécifiques en matière d'aspects environnementaux, chaque étudiant développera ensuite de manière complète un ensemble bâti, à l'échelle 1/200. Le travail en maquettes, plans, coupes et élévations doit permettre de synthétiser - de manière créative et cohérente - les questions de mixité, de typologie, de distribution et de hiérarchie spatiale. Le projet visera par ailleurs à soigner son rapport au sol, la transition des espaces publics aux espaces privatifs et l'intégration de la proposition au master plan.

DÉFINITION D'UNE SYSTÈME CONSTRUCTIF
La suite du développement du projet porte sur la définition et le dimensionnement du système constructif du bâtiment, en intégrant les enjeux permettant de concrétiser la modularité et les possibilités d'assemblages des différents matériaux et produits régénératifs. Le system constructif doit être conçu pour faciliter la décomposition, la manutention et le transport d'une architecture démontable. Dans une optique de durabilité, un soin particulier sera apporté à l'expression et à la matérialité, mais également à la flexibilité et adaptabilité structurelle du système. Sur base du concept constructif, chaque étudiant développera ensuite de manière complète l'enveloppe du bâtiment. L'enveloppe doit répondre aux enjeux de la modularité et de productivité circulaire des éléments. Il faut qu'elle respecte l'exigence hygrothermique des standards passifs et l'impact positif des matériaux. En outre, afin de faciliter le transport, le stockage et la manutention des éléments, le dimensionnement doit être étudié en conséquence. En d'autres termes, il s'agira pour l'étudiant d'explorer la structure et l'enveloppe du projet lui permettant de passer d'un espace perçu à un espace construit. Le système constructif est une transition architecturale, spatiale, et technique entre l'espace intérieur et extérieur.

Après ce travail plus détaillé, un retour sur le bâtiment complet permettra de finaliser le projet, en intégrant l'optimisation de l'enveloppe et l'affinement des questions de son expression. Exercice de synthèse, de créativité et de recherche de cohérence, le bâtiment proposé résultera de l'intégration de multiples paramètres et exprimera à son échelle tant les spécificités de forme urbaine que les enjeux relatifs à l'enveloppe du bâtiment. Ces différentes approches, à la fois convergentes et complémentaires, permettront à l'étudiant de confronter sa démarche du projet architectural à la complexité des processus d'optimisation environnemental, densification urbaine et de la mise en place d'un rapport privilégié au contexte jusqu'à la définition détaillée de la composition des édifices.

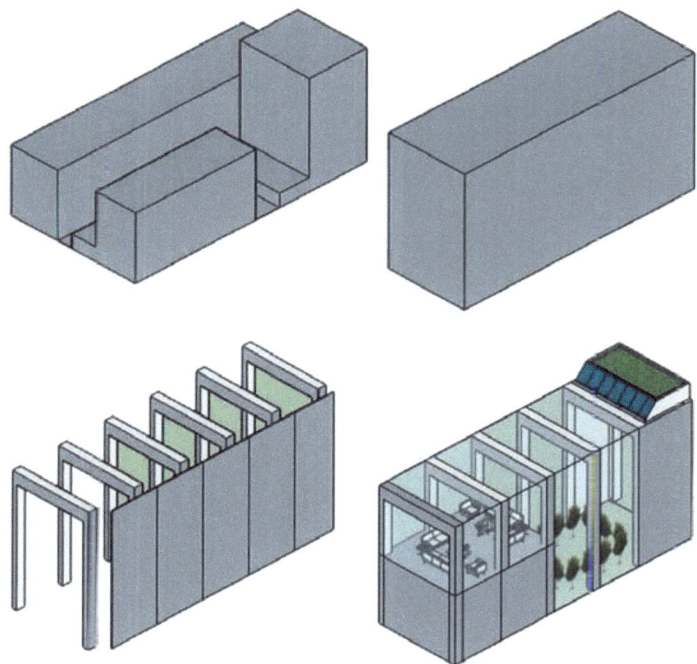

Fig.28　Cinq étapes fondamentales : 1.ensemble bâti, 2.spatialité du bâtiment bâtiment, 3.system constructif, 4.éléments régénérative, 5.choix des produits régénératives (de biosphère ou technosphère) (Source : SBD Lab Studio 2015)

DÉFINITION DES ÉLÉMENTS RÉGÉNÉRATIFS

Intégrer les éléments constructifs à l'architecture du projet requiert sensibilité et rigueur technique. Chaque étudiant doit déterminer les éléments les plus à même de créer un impact positif sur leur projet et les dimmensioner. La clef rés de dans l'intégration spatiale à l'architecture de chaque élément à la bonre échelle.

Économie d'énergie

L'efficience énergétique et bioclimatique jouent un role important dans la conception du projet. La rencontre des exigences des standards passifs belges est essentielle pour garantir une consommation minimale d'énergie et un confort thermique maximum. Pour un logement passif, le besoin net en énergie de chauffage doit être inférieur à 15 kWh/m2, l'étanchéité à l'air doit être inférieure à 50 Pa et le renouvellement d'air de minimum 0.6 par heure avec une température de surchauffe qui ne peut dépasser les 25 °C que pendant 5 % de la période d'utilisation. Pour garantir ces performances chaque étudiant doit vérifier que les murs ont un valeur de conductivité U ≤ 0.1-0.15 W/(m²K) et pour les toitures et dalles U ≤ 0.1 W/(m²K). En fonction du choix de votre matériaux d'isolation, le dimensionnement de l'épaisseur à mettre en œuvre devra être calculé et répercuté dans le dessin du projet. Un soin particulier sera apporté au dessin des façades et de la fenestration. Les gains solaires passifs devront être maximisés sur les façades sud. Une règle tacite du dimensionnement passif recommande d'avoir une proportion de 30% d'ouvertures pour les parois orientées sud. Des dispositifs d'ombrage doivent être également prévus afin d'éviter la surchauffe. Au nord, à l'est et à l'ouest, il est recommandé de ne pas dépasser 20% d'ouvertures par paroie verticale (ou de prévoir une double peau afin de se protéger du soleil dans les 2 derniers cas). La valeur de conductivité d'une fenêtre doit être ≤ 0.85 W/(m²K) avec une valeur de g > 0.5. Pour votre projet, une ventilation mécanique double flux avec récupération de chaleur doit être prévue. Les bouches d'aération et les conduits d'amenée et d'extraction d'air doivent être intégrés au réseau des gaines techniques. Les locaux techniques seront prévus, conçus et dessinés en plans et en coupes, y compris les équiments de chauffage, échangeurs d'air et de chaleur. Il est conseillé d'essayer d'aménager un puits canadien afin de profiter des ressources thermiques du sol en vue de recontrer les standards de la construction passive.

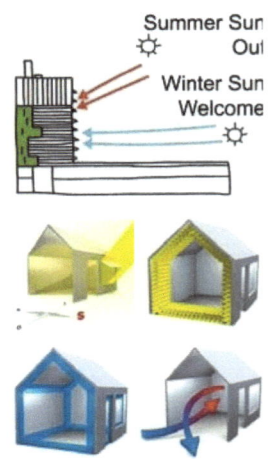

Fig.29 Passive House Design Principles (www.passiefhuisplatform.be)

Production d'énergie

Un bâtiment régénératif doit produire plus d'énergie qu'il n'en consomme. Chaque étudiant doit estimer la consommation de son bâtiment de logement collectif. Un minimum de 130% de l'energie consommée annuellement par le bâtiment doit être produite sur place. Le choix des énergies renouvelables (panneaux thermiques ou photovoltaïques, géothermie ou autre système...), leur dimensionnements et leur intégrations spatiales doivent être gérés par l'étudiant. La zone prévue pour accueillir les panneaux photovoltaïques, leur orientation et leur positionnement doivent être étudiés et représentés dans les dessins, shémas et ma-

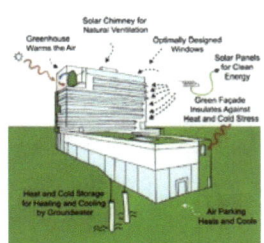

Fig.30 Produce Energy (source: Kraaijvanger Architects)

quettes. L'intégration et le dimensionnement des panneaux, qu'elle soit architecturale (aux toits et façades du bâtiment) ou technique (au système d'HVAC), doit être appréhendée sur base de calculs simples basés sur la localisation du bâtiment. Un ménage de 4 personnes requiert, par exemple, une surface de panneaux thermiques de 4 m2. Chaque étudiant devra donc démontrer et assurer la capacité de son bâtiment à être dans un rapport positif de production d'énergie.

Gestion des eaux

Un batiment régénératif collecte séparément les différentes eaux usées et utilise l'eau de pluie récoltée localement. Un impact positif optimal du point de vue de la gestion des eaux d'égouts serait un traitement in situ par une phyto-station d'épuration (filtration à base de plantes). Ce phyto-équipement traite aussi bien les eaux grises que les eaux noires. Il doit être résistant à la sécheresse. Au passage, il génère un paysage verdurisé et augmente la biodiversité. Dans notre cas (cu fait de la présence d'un collecteur d'égout classique sur le site) il n'est pas obligatoire de prévoir ce type d'équipement dans le projet. Pour autant, chaque étudiant doit étudier toutes les options potentielles en vue d'un traitement optimal des eaux pour son projet. Il doit poser les choix judicieux à intégrer. Il est toutefois obligatoire de prévoir une citerne de récupération d'eau de pluie garantissant une indépendance de deux mois au bâtiment. Son dimensionnement et son implantation doivent être maitrisés pour chaque projet. Pour ce qui est des réseaux séparatifs de reprises d'eaux, une attention particulière est attendue pour les schémas d'implantation et la réserve des encombrements dans les gaines techniques (en murs, plafonds ou dalles).

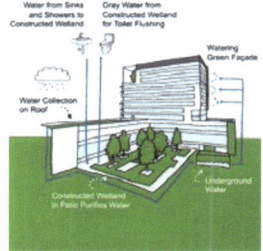

Fig.31 Benefit Water (source: Kraaijvanger Architects)

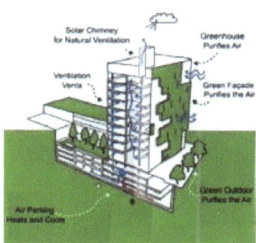

Fig.32 Clean Air (source: Kraaijvanger Architects)

Traitement de l'air et résistance à l'effet îlot de chaleur

L'épuration de l'air vicié peut être principalement réalisé par passage de l'air par des espaces verdurisés. L'utilisation de toitures végétales, de jardins suspencus ou de murs végétaux, constituent autant de poumons supplémentaires qui purifient l'air en zone urbaine. L'air pur augmente le bien être et la productivité des utilisateurs des bâtiments. La ventilation naturelle et la circulation de l'air doivent être raccordées aux systèmes de purification de l'air. Intégrer de tels systèmes à un projet est essentiel et requiert, lors de la phase de conception, une attention particulière dans le dessin des détails et les études techniques. Les hypothèses à prendre en compte sont par exemple : les dégats causés par les racines, l'irrigation artificielle, les surcharges sur la structure, le stockage de l'eau et la gestion du trop plein, l'érosion, la pénétration lumineuse et l'orientation solaire, le choix et la diversité des végétaux, les conséquenses sur l'isolation, etc...

Fig.34   Regenerative Materials (source: Kraaijvanger Architects)
Fig.35   Possible cycles within Euroregion: as much as possible closed loops (source: Kraaijvanger Architects)

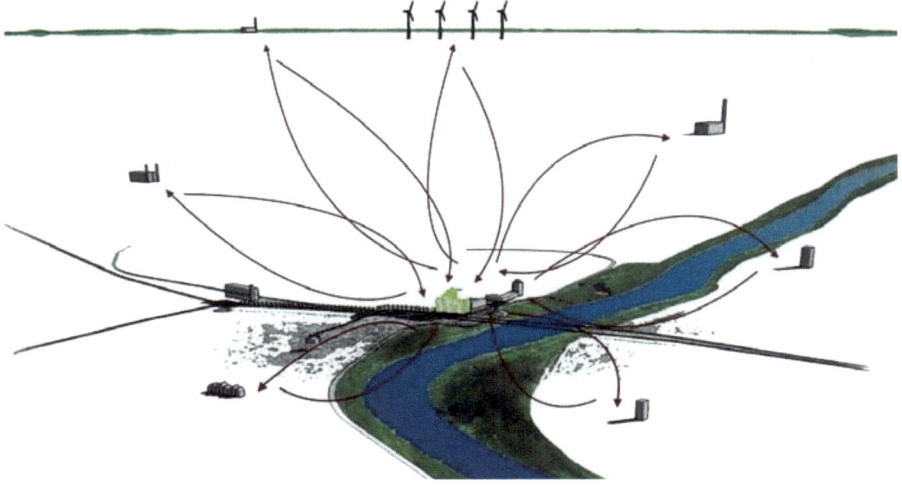

Fig.33 People Healthy (source: Kraaijvanger Architects)

Santé humaine

L'homme est au centre de la conception régénérative. Proposer des environnements intérieurs et des espaces extérieurs de haute qualité pour les activités des indivus et des collectivités apporte sérénité et satisfaction à ceux-ci. La conception d'espaces aérés et éclairés naturellement, de lieux, de jardins, ou d'escaliers communs stimulent les rencontres et les activités entre utilisateurs. L'introduction de végétations dans les bâtiments agrémente les espaces et augmente la qualité environnementale intérieure (régulation de l'humidité, de l'oxygène et de l'accoustique). Chaque projet doit intégrer la composante végétale afin d'augmenter la qualité de l'expérience architecturale.

La liste ci-dessous reprend une liste non exhaustive d'exemples de différents éléments régénératifs à intégrer au projet en fonction de leur pertinence dans l'architecture développée :

- Des fenêtres
- Des jardins en toiture
- Des panneaux solaires
- Des cheminées solaires
- Des serres
- Des cheminées de ventilation
- La géothermie
- Des rangements
- Du parking
- Des garages
- Un phyto-filtre
- Une enveloppe verte
- Une isolation biologique
- Des toitures vertes
- Des arbres

CHOIX DES PRODUITS RÉGÉNÉRATIFS

L'emploi de matériaux régénératifs qu'ils soient de la sphère biologique ou technologique doit être rencontré sans perte de qualité. Dans ce projet, on privilégiera les matériaux certifiés C2C ou tout autre produit éco-certifié. Il convient d'être particulièrement attentif aux considérations de sécurité au feu, à l'énergie grise contenue et aux performances structurelles, mécaniques et accoustiques des matériaux utilisés. Tant que faire se peut, il est préférable de privilégier les matériaux issus de la biosphère tels que l'argile, le bois, la paille ou le chanvre. Toutefois, il ne faut pas pour autant exclure les produits de la technosphère comme le béton, l'aluminium ou l'acier. Dans le cas de la construction, les produits issus de la technosphère sont parfois incontournables ; par ex : pour certains types de fondations, les fenêtres, les techniques spéciales ou pour des dispositifs spécifiques de sécurité (feu, contreventement). Tant que ces produits sont certifiés C2C, l'usage de substance toxique est exclu, tout comme sont garantis les effets de leur cycles de production sur l'environnement.

Fig.36 C2C Mosa Tiles (mosa.nl)

MODALITES DIDACTIQUES

Cours et conférences
Les cours et conférences porteront sur des thèmes présentant un lien direct ou indirect avec les phases du projet d'atelier. Ils se placent dans une perspective d'apports interdisciplinaires pour le projet architectural et sur la présentation d'exemples emblématiques des enjeux explorés par le laboratoire.

Visites et excursions
Des visites obligatoires seront organisées dans le cadre du cours. Elles ont pour objectifs d'illustrer le contenu dispensé d'exemples concrets mais aussi de générer un débat critique collectif in situ sur les solutions mises en œuvre.

Suivi en atelier
Le suivi de l'avancement du travail des étudiants se fera régulièrement par des revues à la table pendant les journées consacrées au travail individuel en atelier. Pour garantir le développement cohérent du projet et acquérir la méthodologie nécessaire, la présence à l'atelier et la revue de son travail sont fortement recommandées.

Exercice critique
Des critiques spécifiquement dédiées aux exercices ou des séminaires seront organisés en plus des jury intermédiaire et final. Elles viseront à échanger sur la thématique générale de l'atelier et à orienter les développements propres aux différents travaux individuels.

Débats
En cours de quadrimestre, deux moments de débat et de discussion seront organisés sur le thème de l'atelier. Le thème de ces débats sont les deux livres : Cradle to cradle (du berceau au berceau ou créer et recycler à l'infini) de Braungart et Cradle to cradle: Remaking the way we make things. Le premier débat est obligatoire ; le second, facultatif. Chaque étudiant ayant un avis, des idées, réflexions et opinions plus ou moins divergents est invité à venir les partager.

Critiques intermédiaires - préjury
Les critiques intermédiaires, seront tenues par les encadrants de l'atelier, en présence de l'ensemble de la classe. Elles permettront de faire le point sur l'avancement global des travaux d'atelier. Une critique intermédiaire est ainsi prévue en milieu de quadrimestre.

Critique finale - jury
Les critiques finales, seront tenues par des experts et des invités extérieurs à l'atelier, en présence de l'ensemble de la classe. Elles permettront de clôturer le quadrimestre par une vision globale et détaillée de l'ensemble des projets. Pour rappel, l'évaluation ne se limitera pas au rendu de la critique finale, elle prendra également en compte le travail fourni durant le quadrimestre, incluant les évaluations intermédiaires précédentes (contrôle continu).

Fig.37 Suivi en Atelier (SBD Lab, 2015)

SCENARIO'S

*Fig.38 Photo du site, Marche en famenre
(Source: SDB Lab, 2015)*

BARZIN Charles |

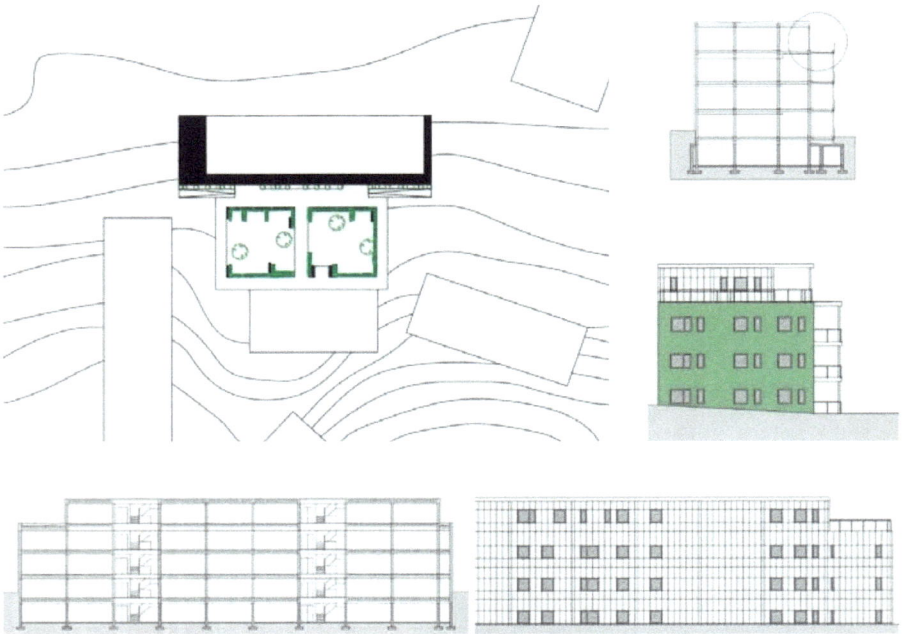

Compacité | Atriums | Appartements traversants | Exposition sud | Penthouse | Poteau-poutre | Granulats recyclés | Espaces tampons | Energie renouvelable | Biodiversité | Espaces verts | Verdure | Façade végétalisée | Inertie thermique |

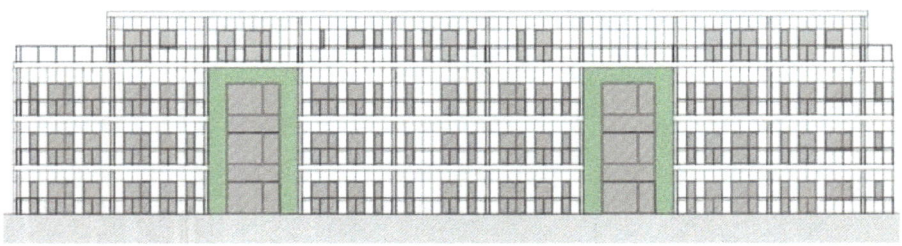

Atelier d'Architecture III A| 2015

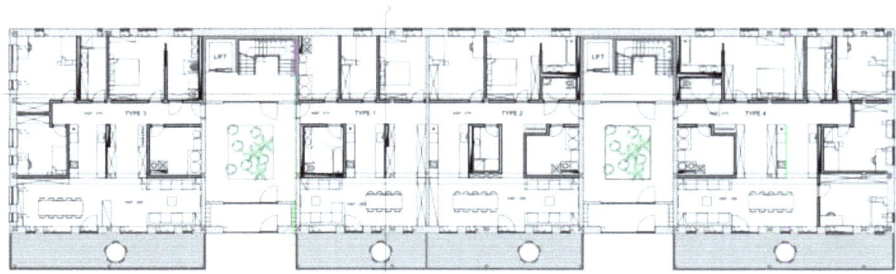

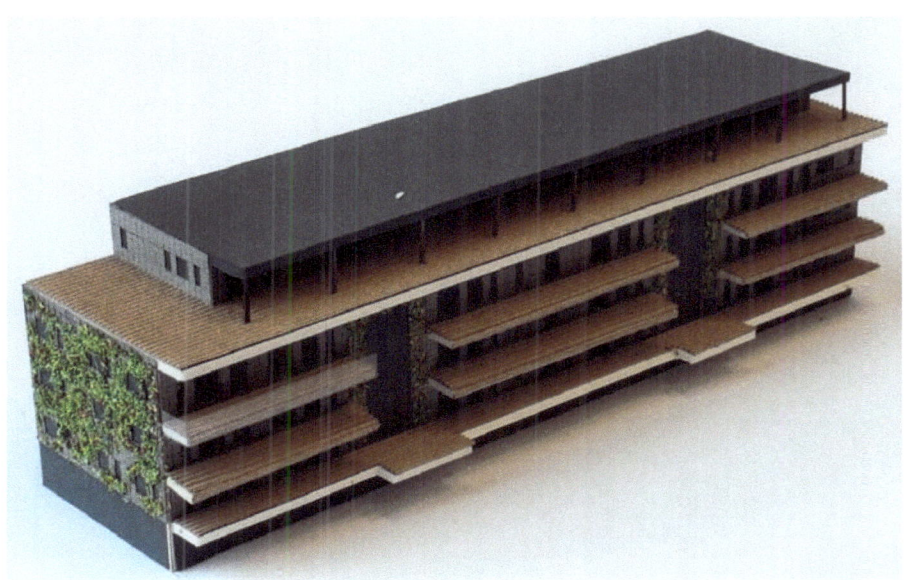

DAVID Damien |

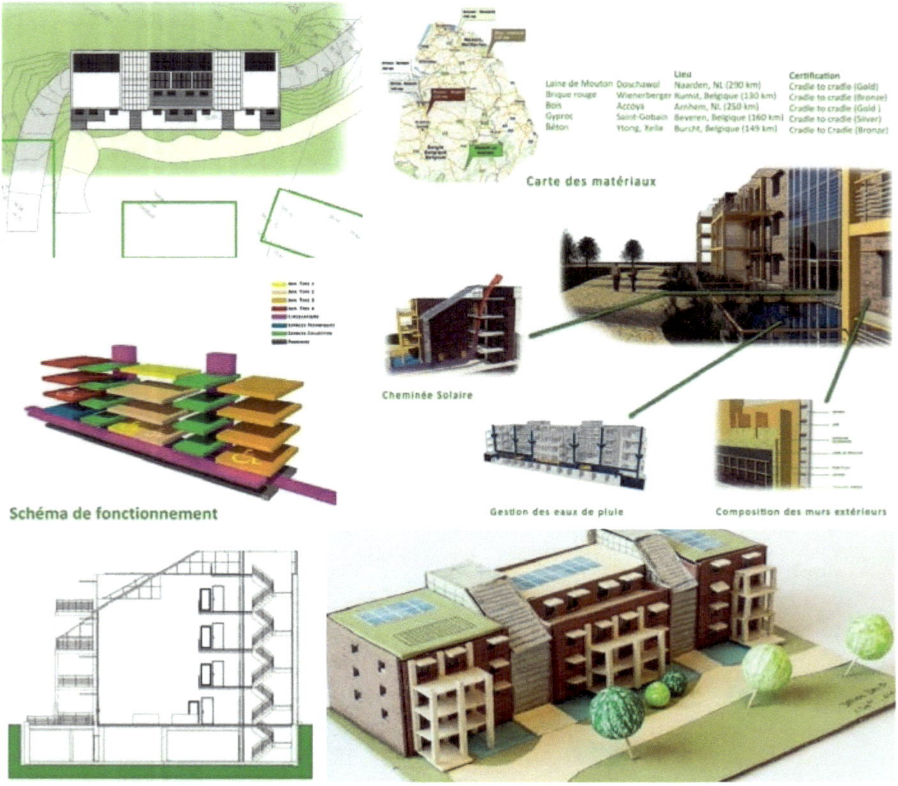

Biodiversité | Toiture végétalisée | Végétation | Espaces de rencontre | Atriums | Poumons de biodiversité | Cheminée Solaire |

Atelier d'Architecture III A| 2015

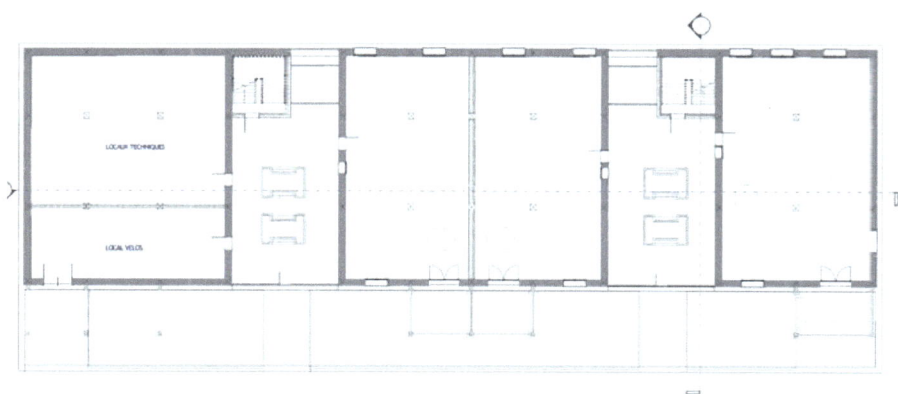

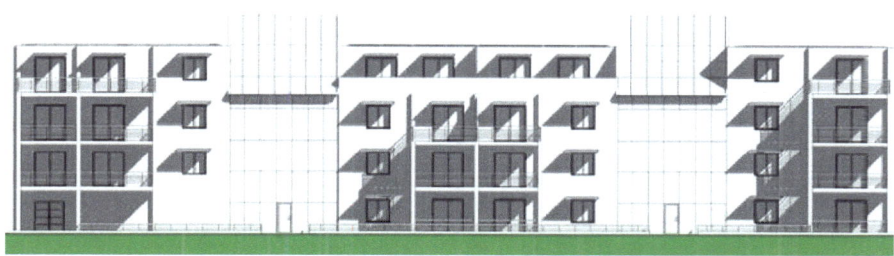

Fantou Léa |

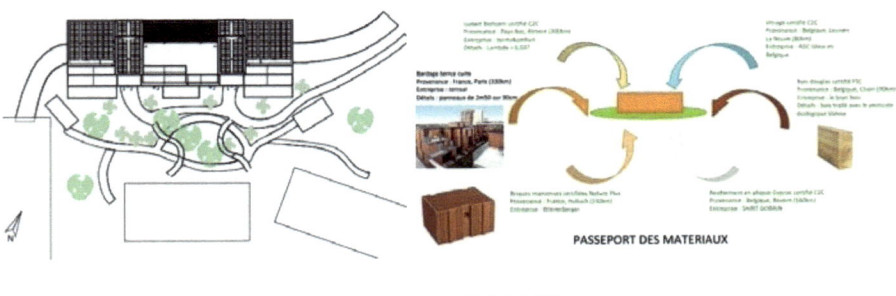

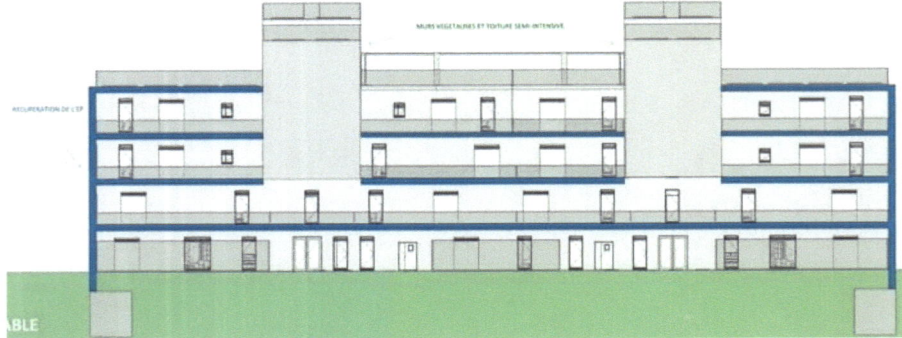

Bioclimatisme | Eau | Orientation | Apports solaires | Inertie thermique | Ventilation mécanique | Protections solaires | Matériaux naturales et recyclables | Eco-construction | Confort visuel | Condort thermique | Santé | Espaces verts | Rencontres | Toiture végétélisée | Murs végétalisés |

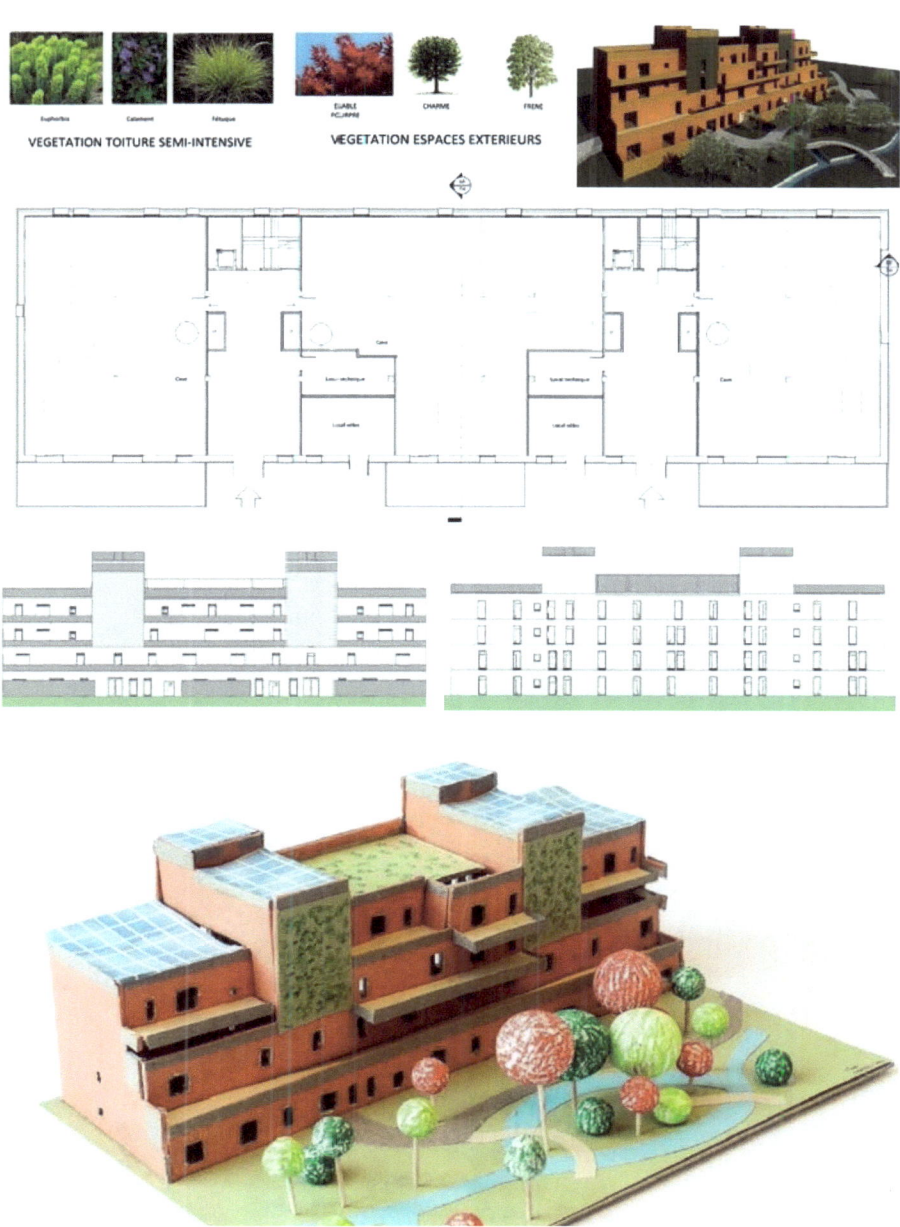

FRÉSON Thomas |

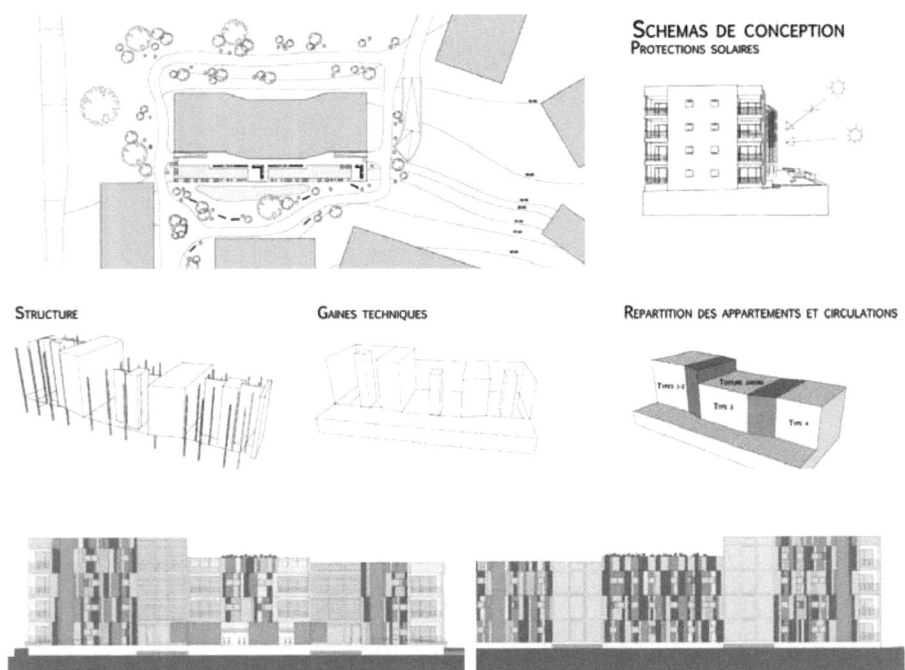

Atrium | Toiture jardin | Végétation | Poteaux-poutres | Noyau central | Matériaux durables | Environnement sain | Modes doux | Compacité | Promenade | Bassins | Biodiversité | Inertie | Protections solaires | Murs végétaux | Espaces verts | Accessibilité |

Coupe AA'

Atelier d'Architecture III A| 2015

Fig.39 Visite Park 2020, Amsterdam NL
(SBD Lab, 2015)

Ozkan Muhammed Furkan |

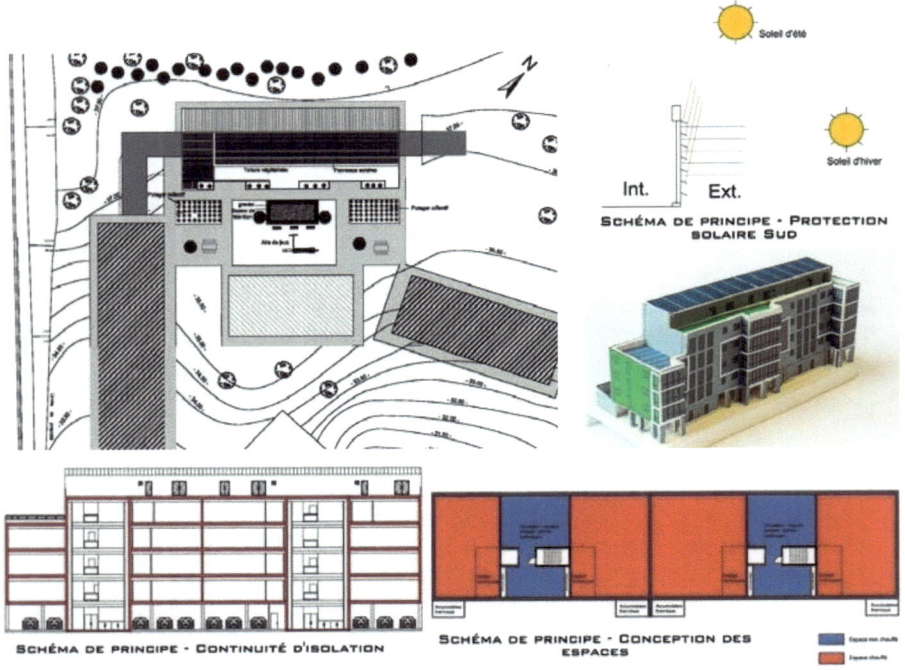

Orientation | Compacité | Espace tampon | Accumulateurs thermiques | Serre | Terrasse | Pilotis | Poteaux poutres | Matériau naturel | Granulats recyclés | Appartements traversants |

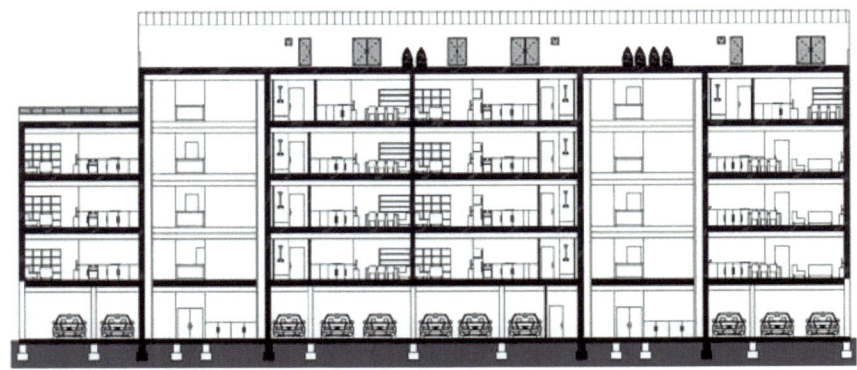

Atelier d'Architecture III A| 2C15

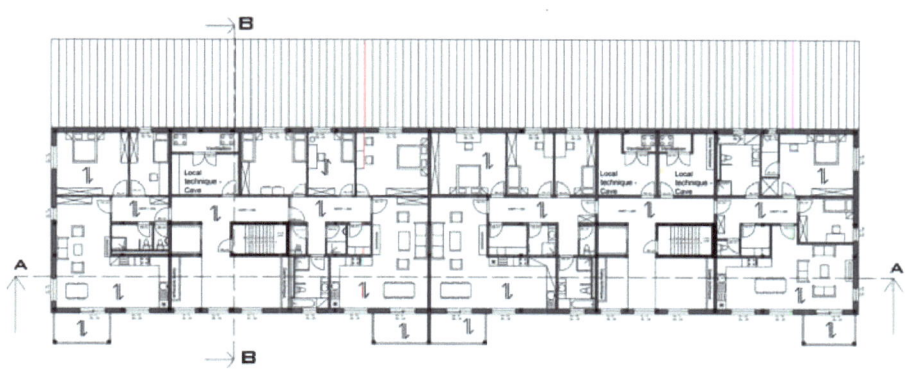

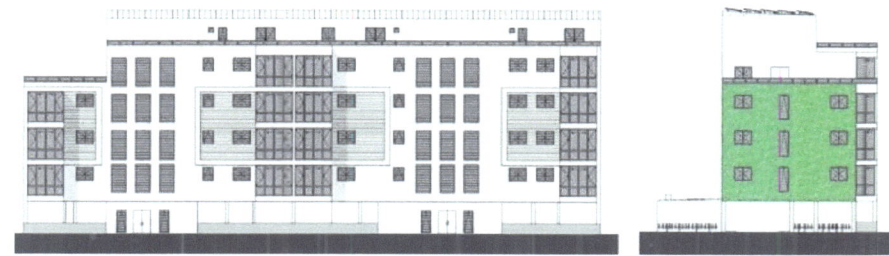

Grella Maxime |

Diagrammes solaire

Conception durable | Biodiversité | Orientation sud | Appartements traversants | Tampon | Panneaux solaires | Toitures vertes | Matériaux régionaux |

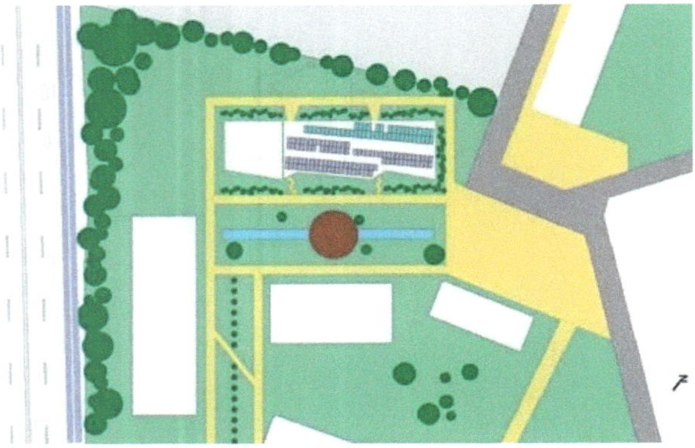

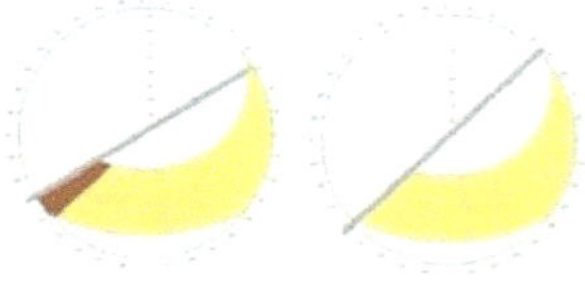

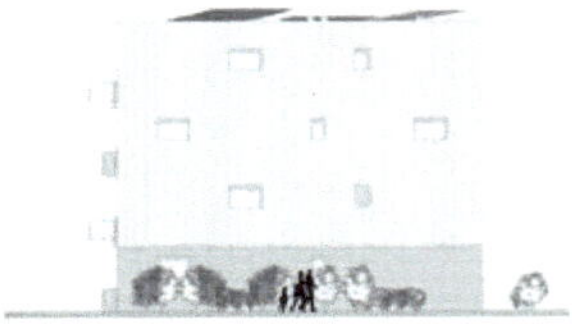

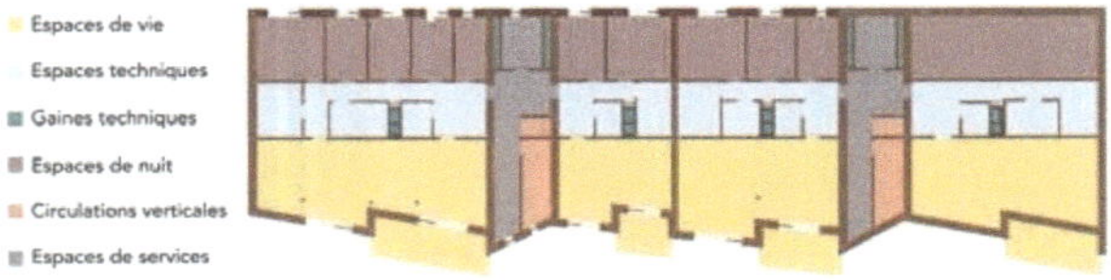

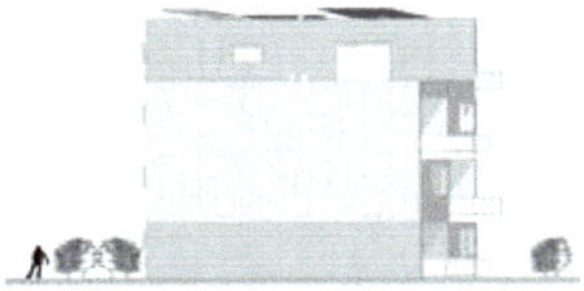

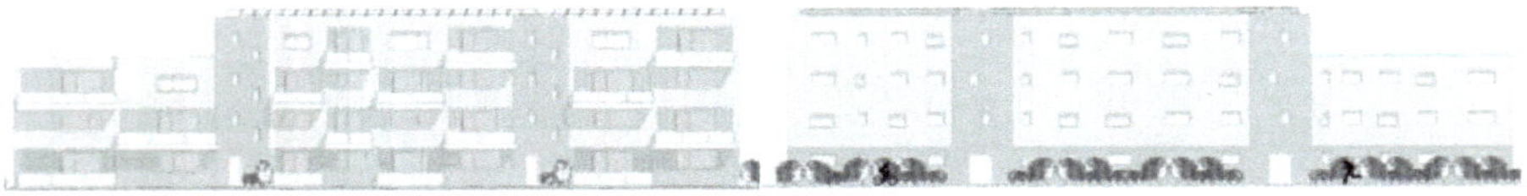

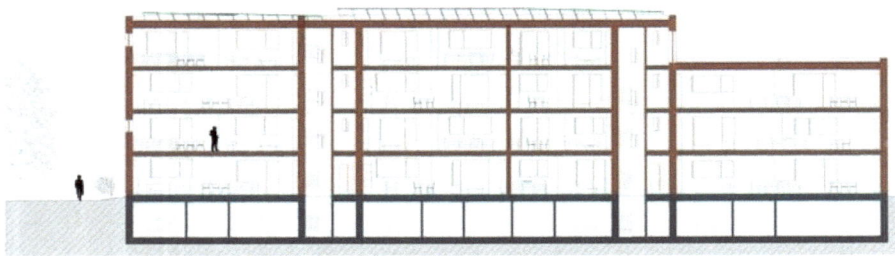

Atelier d'Architecture III A| 2015

Jacquemin Perrine | Le tournesol

Capter le soleil | Compacité | Projet axé sur la nature | Bois | Panneaux de verdure | Essences naturelles | Poteaux-poutres | Mobilité douce | Intimité | Orientation favorable | Terrasses | Matériaux locaux | Favoriser les rencontres | Biodiversité | Mur végétal

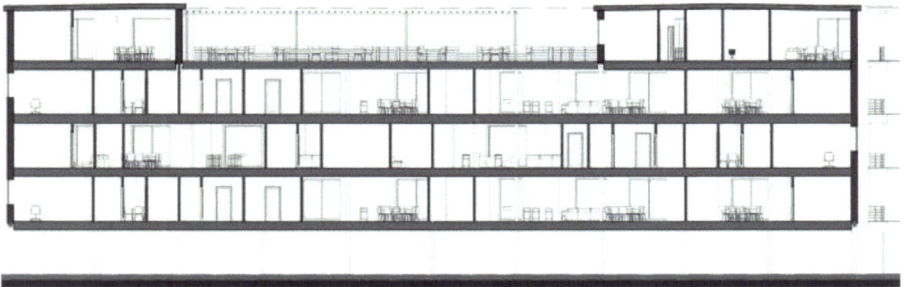

Atelier d'Architecture III A| 2015

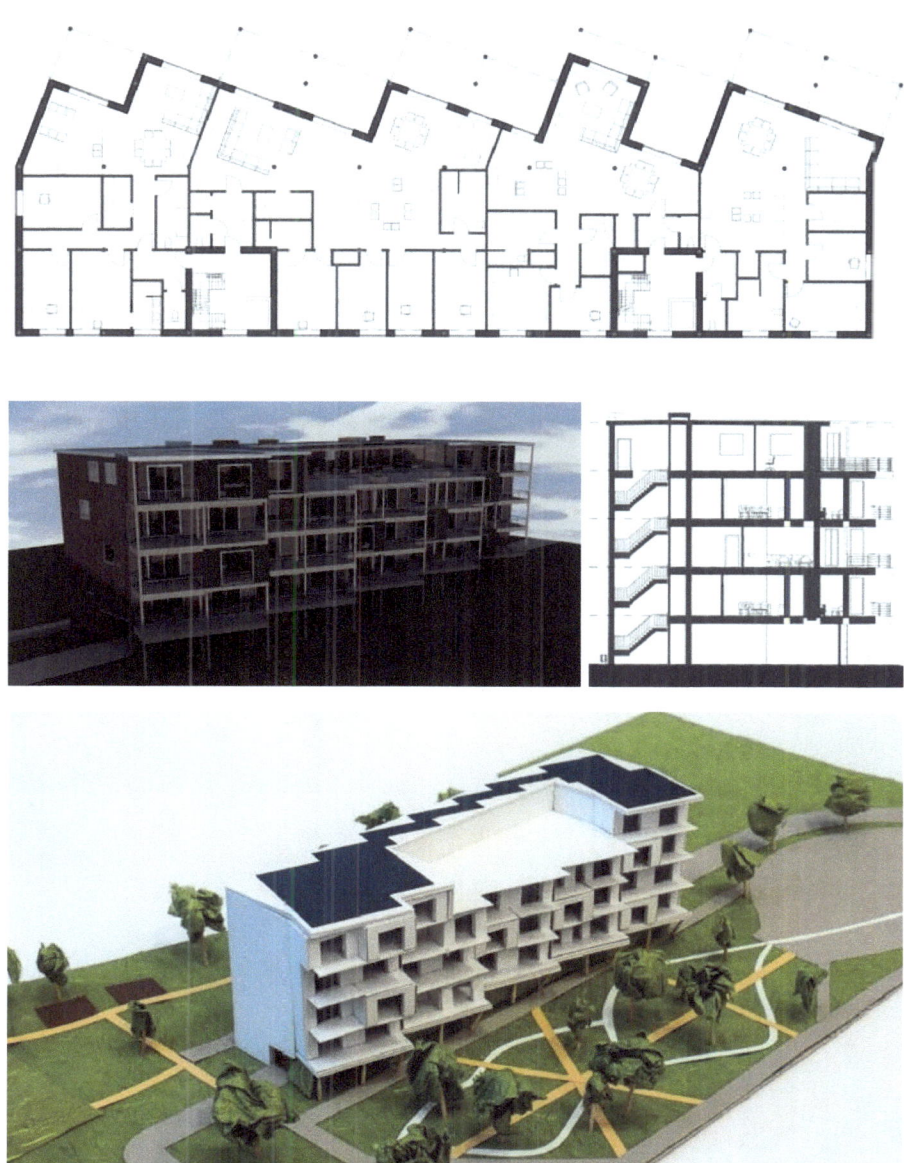

LECOMTE Lucas |

Respecteu de la nature | Matériaux locaux, biosourcés | Utilisation du sol par la géothermie | Energies renouvelables | Panneaux thermiques, photovoltaïques | Bioclimatisme | Murs et toitures végétalisés | Béton ternaire |

Atelier d'Architecture III A| 2015

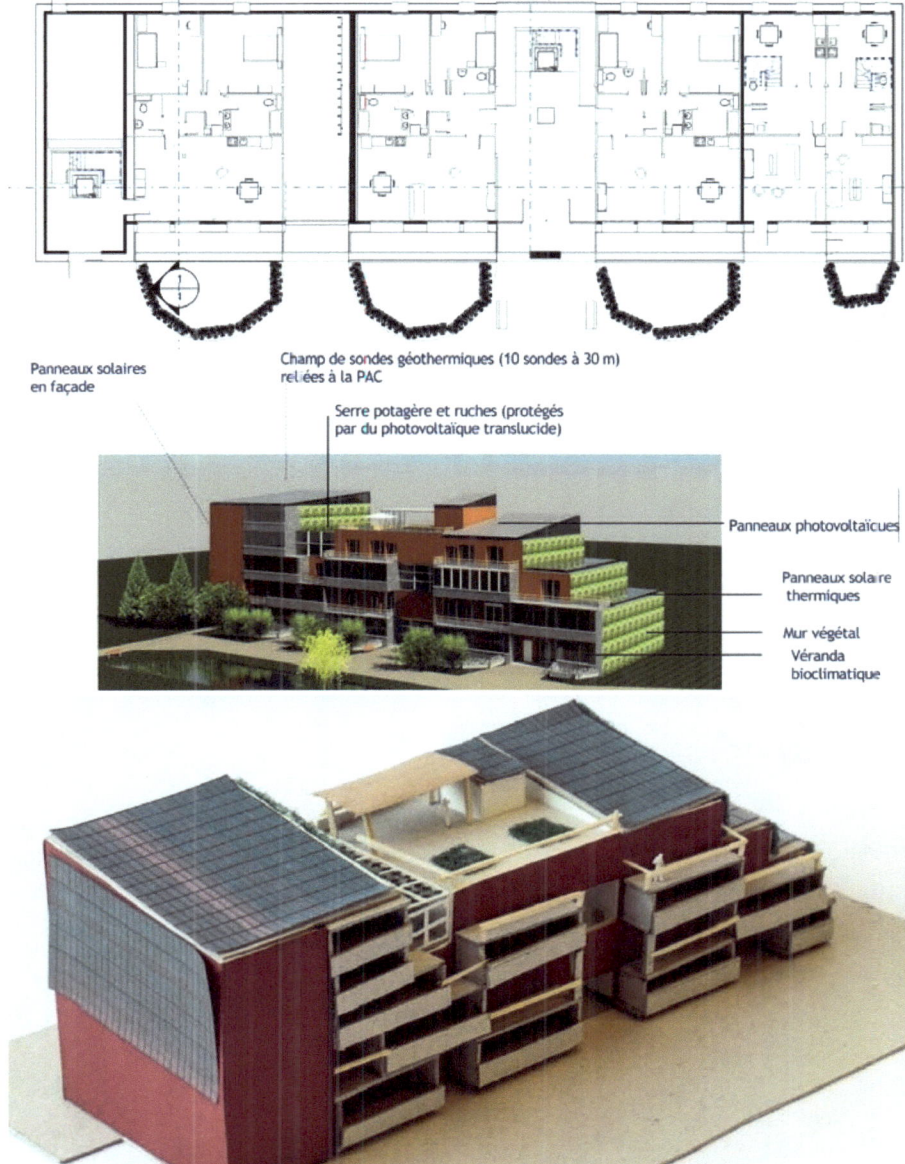

Fig.40 Visite Park 2020, Amsterdam NL (SBD Lab, 2015)

Matthys Coralie |

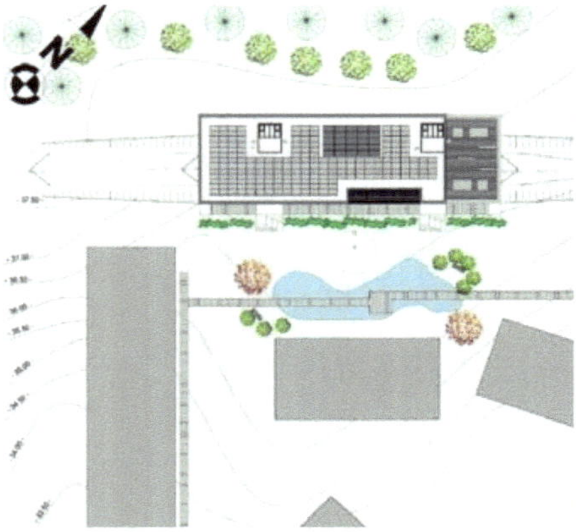

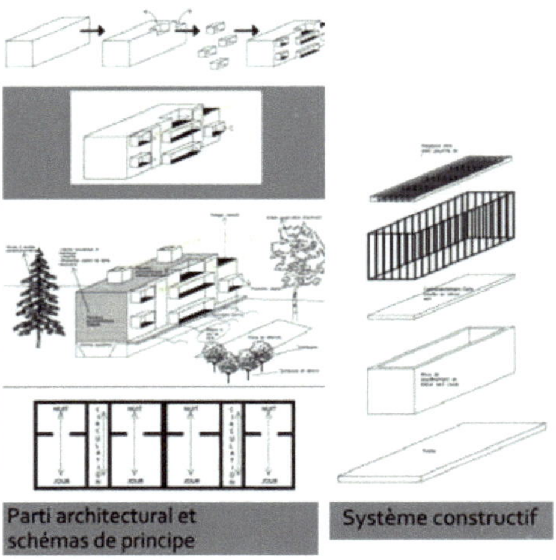

Ossature bois | Démontabilité | Durabilité | Appartements traversants | Lumière naturelle | Modulabilité des appartements | Potager collectif | Panneaux solaires, photovoltaïques | Laine de mouton, argile, céramique, bois, béton |

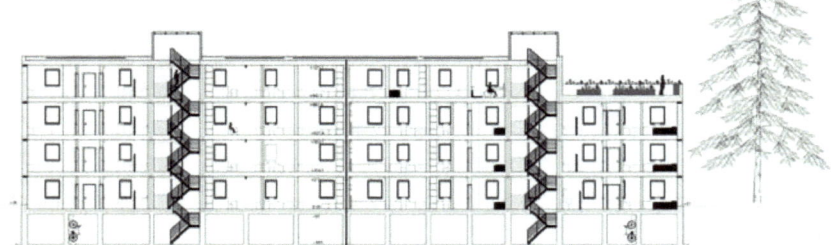

Atelier d'Architecture III A| 2015

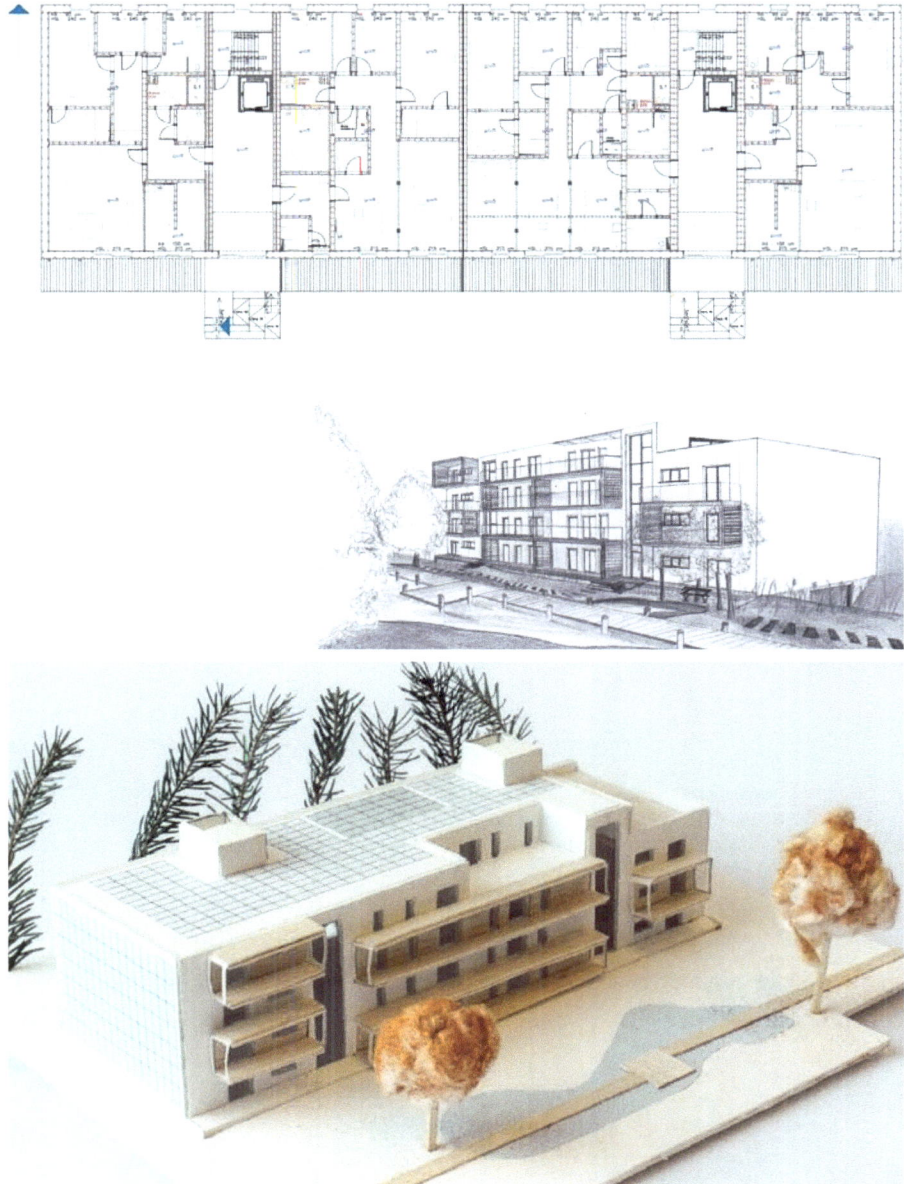

PAESMANS Mathieu |

Matériaux «cradle to cradle» | Compacité | Double structure bâtiments-terrasse | Lumière naturelle | Protections solaires | Paille, Terre cuite, Terre crue, Béton recyclé, bois | Poteaux-poutres | Appartements traversants | Potager collectif | Mobilité douce et rencotre entre piétons | Panneaux solaires, photovoltaïques | Biodiversité |

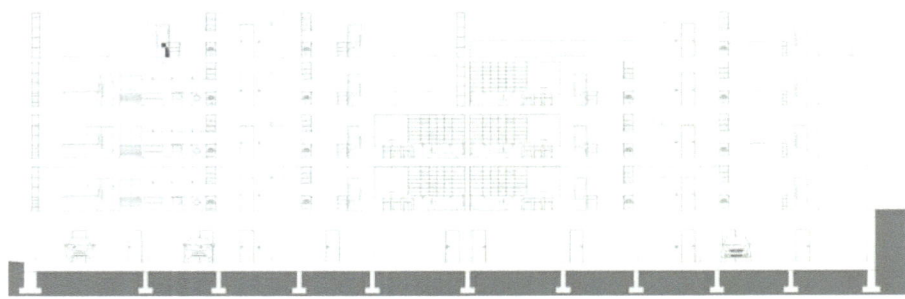

Atelier d'Architecture III A| 2015

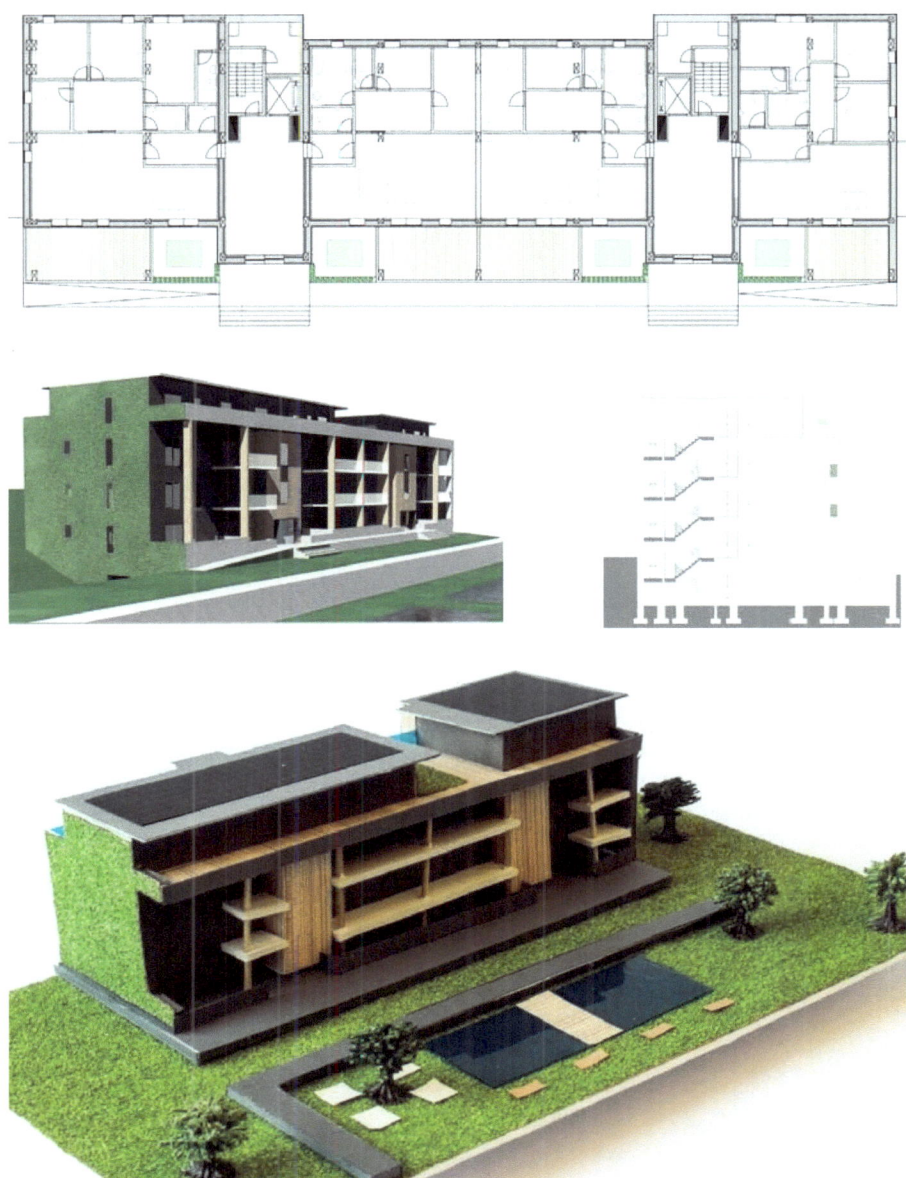

Pinckaers Catherine |

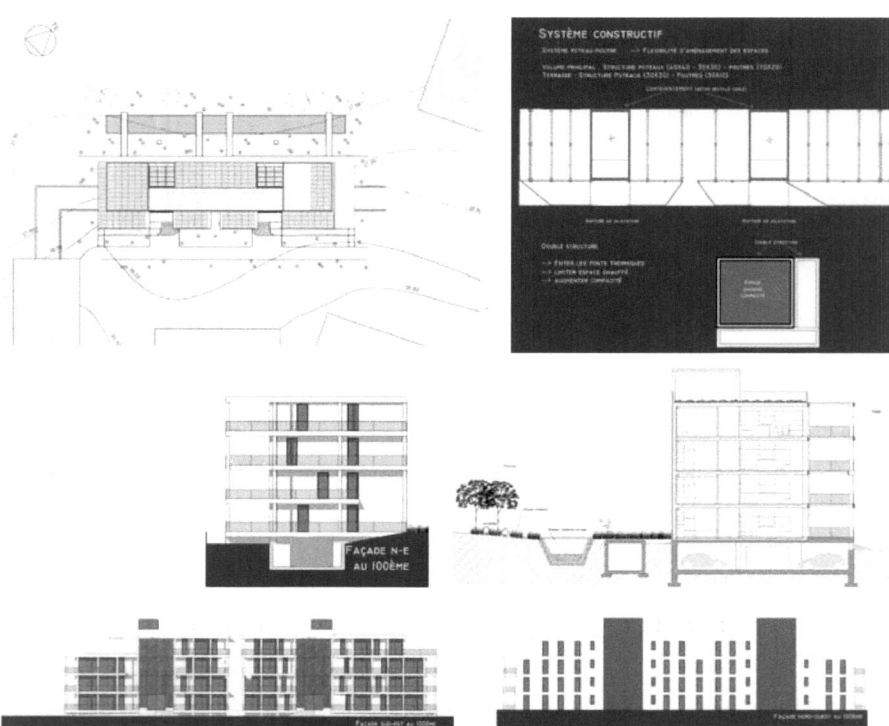

Compacité | Poteaux-poutres | Lumière naturelle | Intimité | Biodiversité | Murs végétaux | Panneaux solaires, photovoltaïques | Flexibilité d'aménagement | Bois, béton recyclé, argile, chanvre | Espaces verts | Traitement naturel de l'eau | Végétation |

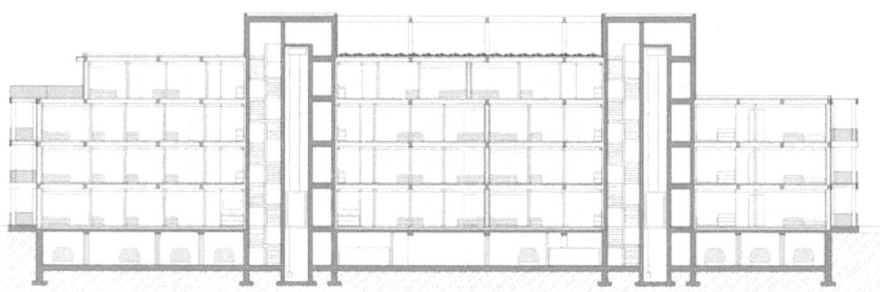

Atelier d'Architecture III A| 2015

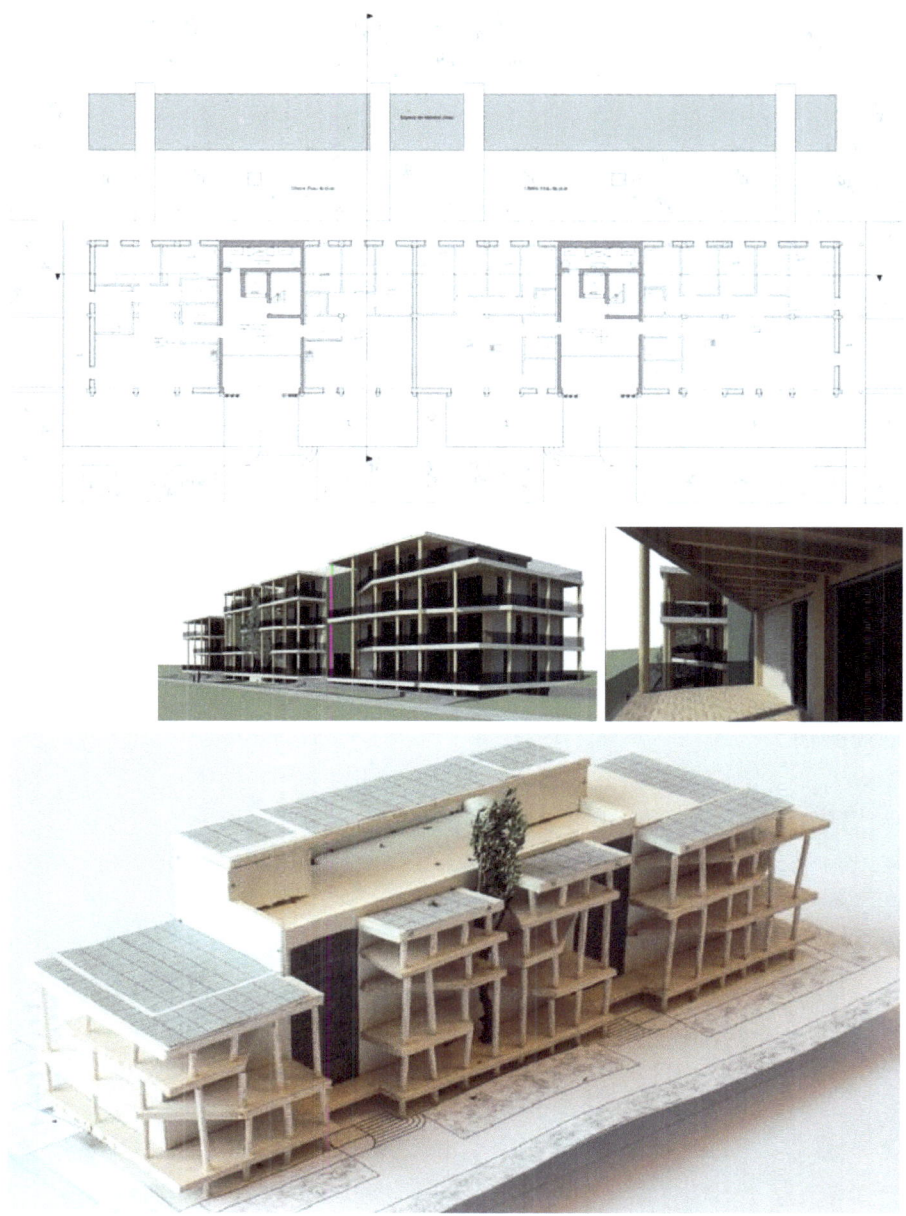

Fig.41 Débat (source: SBD Lab, 2015)

Sevin Matthieu |

Compacité | Espaces extérieurs | Espace collectif | Vues imprenables | Structure poteaux-poutres | Durabilité des matériaux | Bois, béton armé, granulats recyclés, fibre de bois | Atriums | Espaces verts | Potagers collectifs | Phytoépuration | Façade végétale | Biodiversité | Panneaux solaires, photovoltaïques |

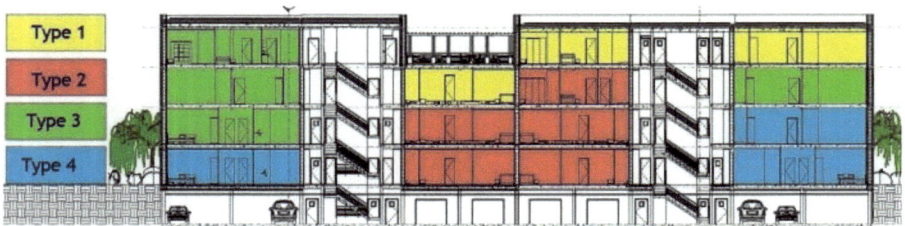

Atelier d'Architecture III A| 2015

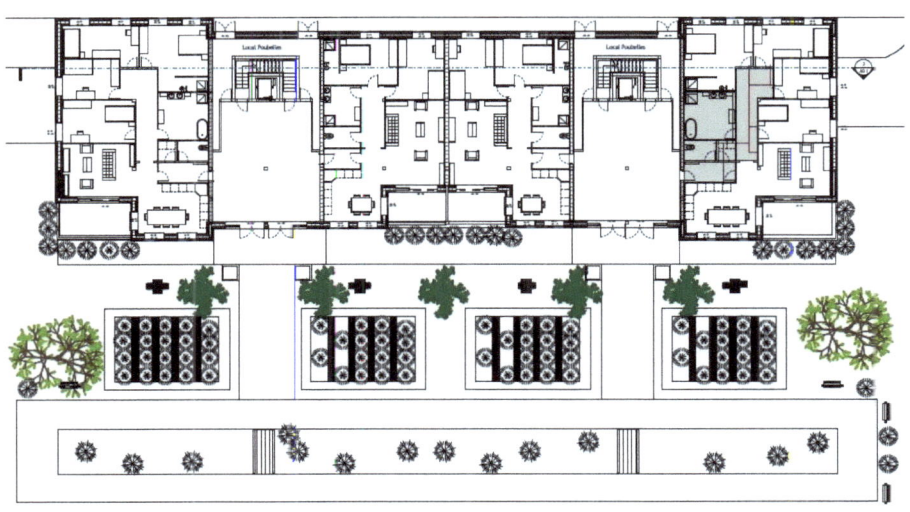

STYLIANIDIS Eleftherios |

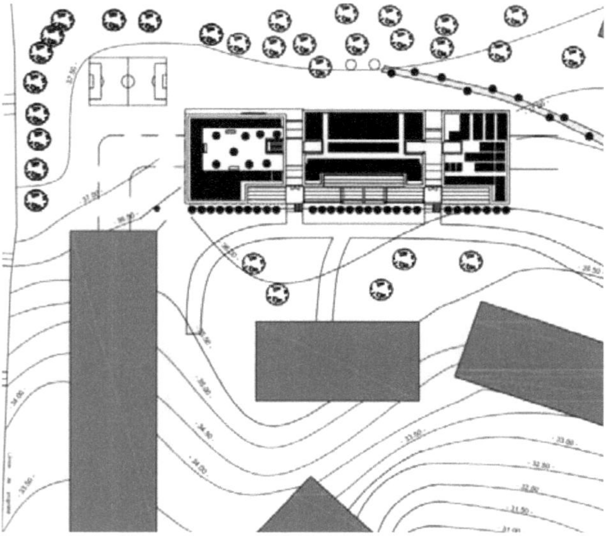

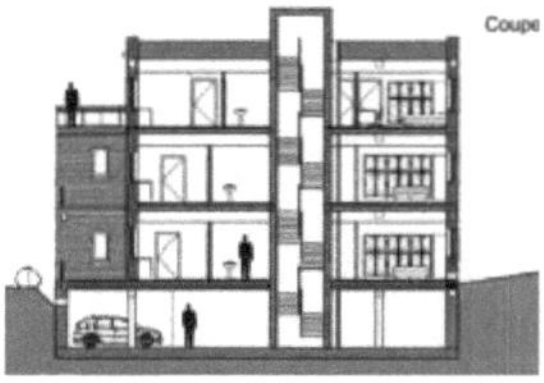

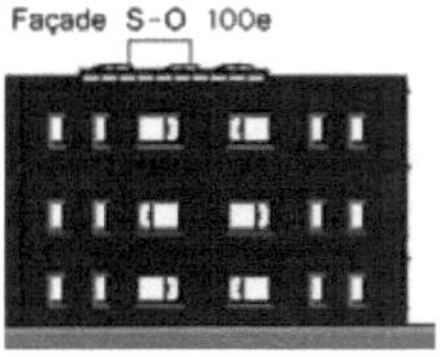

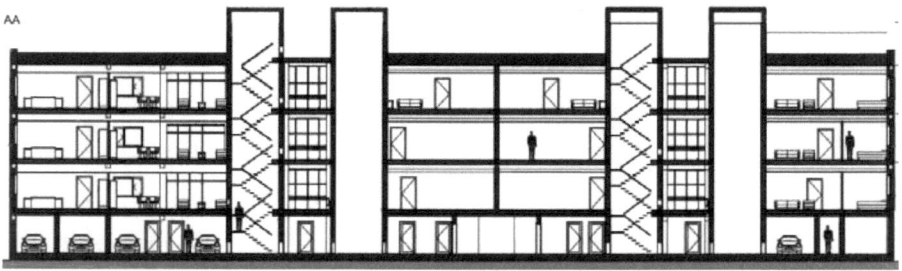

Orientation sud | Espaces extérieurs | Vues | Végétation | Biodiversité | Panneaux solaires | Système poteaux-poutres | Ossature bois, brique, laine de mouton, béton de chanvre | Atriums | Panneaux solaires | Toiture verte |

Atelier d'Architecture III A| 2015

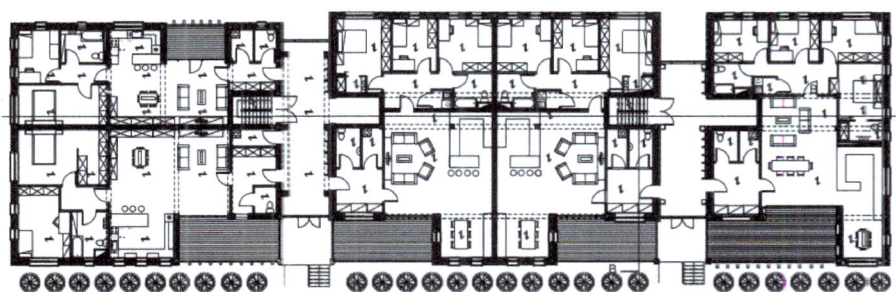

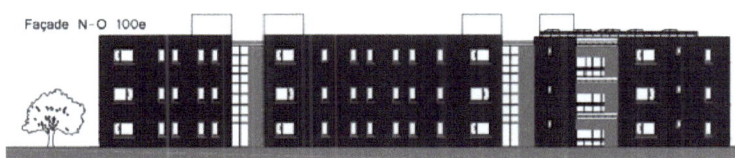

TAGNY Dominique |

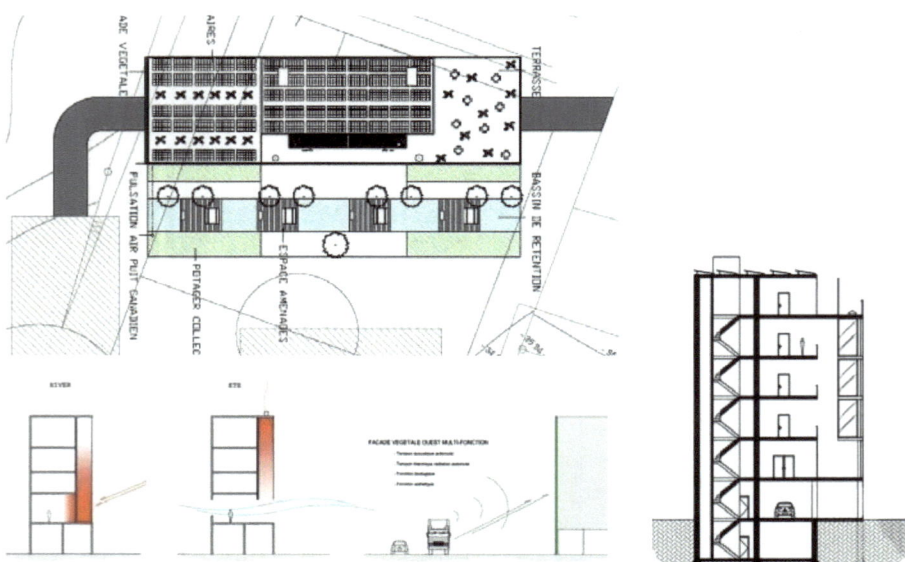

Projet à but culturel et social | Salle commune | Recontre et échanges | Compacité | Serre au sud | Systèmes poteaux-poutres | Béton, bois, terre cuite, béton de chanvre | Intimité | Parking végétalisé | Puit canadien | Paneaux solaires | Bodiversité | Potagers communs | Façade végétale |

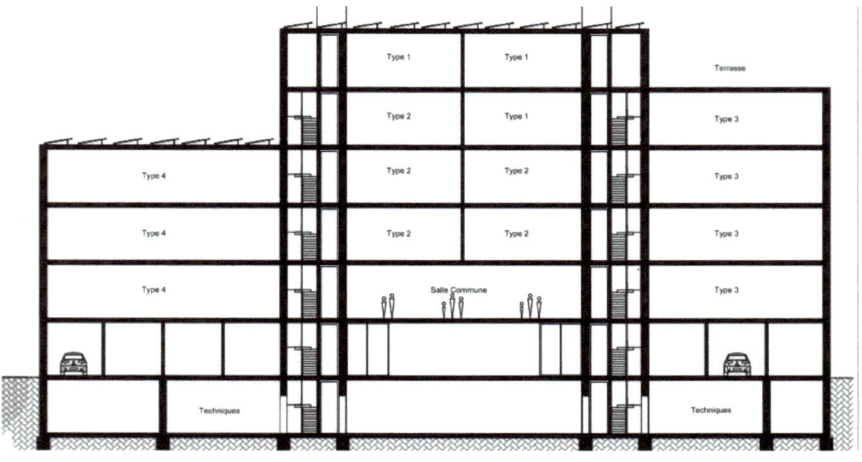

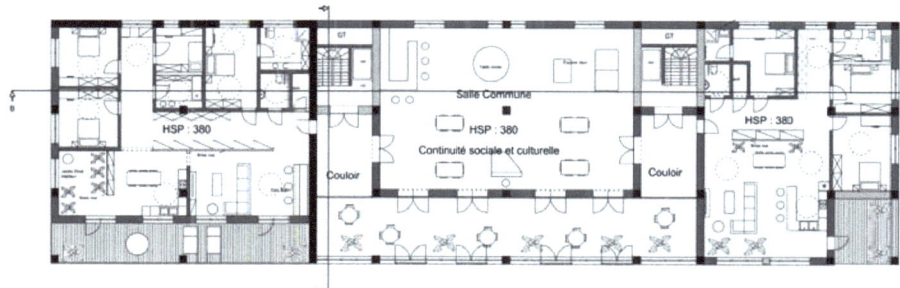

Vergnaud Chloé |

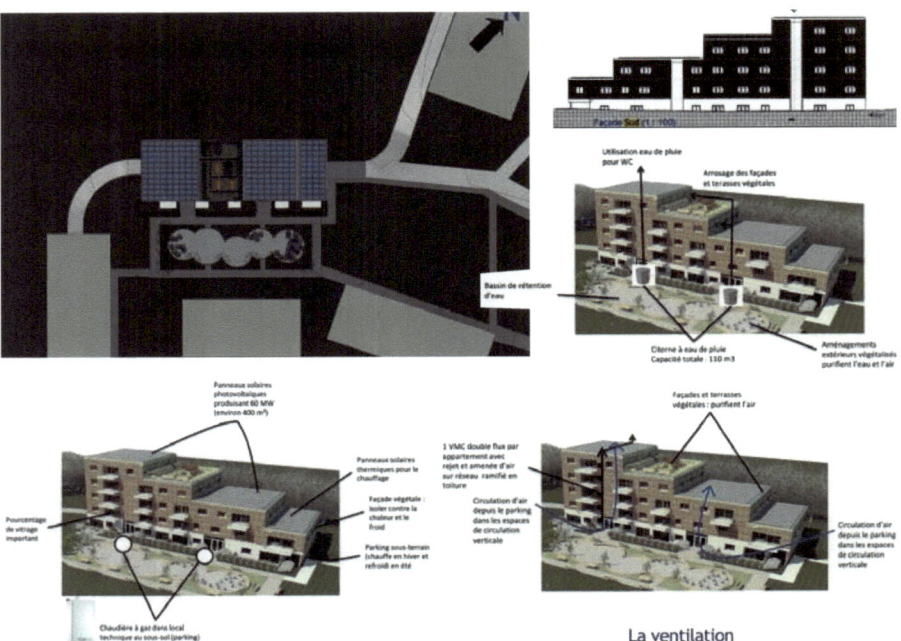

Projet en escalier | Vues | Appartements traversants | Toiture terrasse | Lieux de rencontres | Mixité sociale | Panneaux de bois massifs | Panneaux solaires | Exposition au sud | Intimité des appartements | Bassins circulaires | Cheminements d'exploration du quartier |

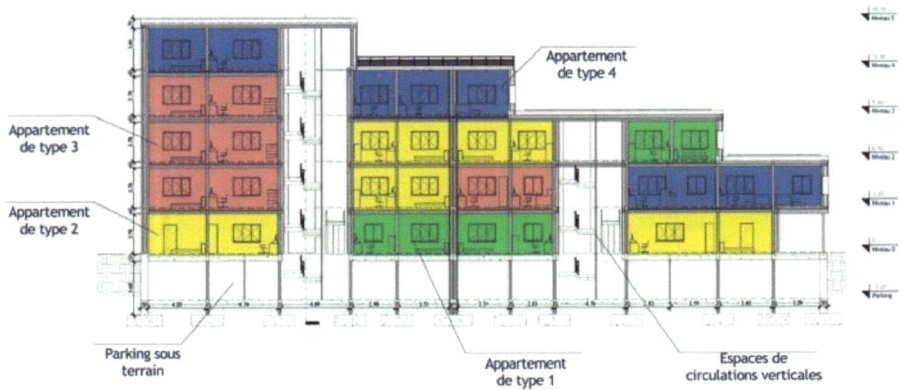

Atelier d'Architecture |II A| 2015

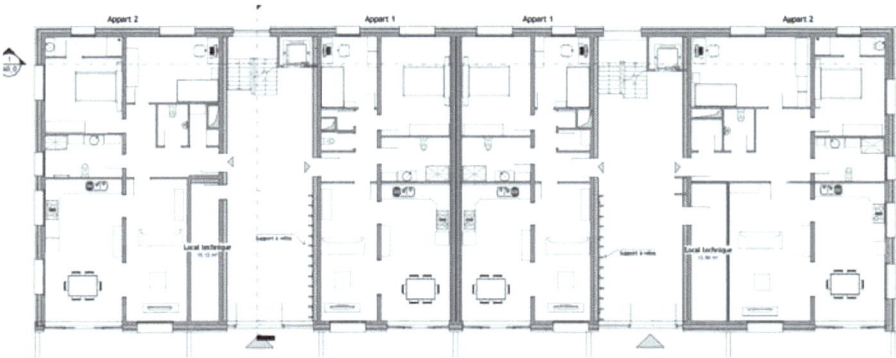

Fig.42 Photo du Jury Finale
(source: SBD Lab, 2015)

JURY : EXPERTS EXTÉRIEURS

Bob Geldermans, Architecte & Chercheur

Bob Geldermans : MSc., chef de section recherche et de la conception climatique, Faculté d'architecture et l'environnement bâti, Université de Technologie de Delft. Ma pratique en tant que designer indépendant avait progressivement évolué vers l'architecture verte quand j'ai commencé un cours d'écologie industrielle en 2006. Cela m'a aidé à mieux comprendre les concepts de l'économie circulaire. Après avoir travaillé en tant que consultant dans le secteur public et privé, j'ai commencé en tant que chercheur pour la TU Delft (président Climate Design & Sustainability). Mon accent est mis sur le potentiel synergique des flux de ressources en milieu urbain.

Andromaque Simon, Ingénieur Architecte

Andromaque a un parcours professionnel double d'architecte et de conseil en construction durable. Elle a conduit de nombreuses opérations BREEAM en Belgique et en France et a acquis le titre de BREEAM AP pendant la création de son entreprise. Elle tient à développer le processus de conception intégré, l'approche Cradle to Cradle et le biomimétisme. Andromaque anime le réseau français d'Assessor Breeam au travers du Breeam Group France et participe au groupe de travail au sein de L'IFPEB sur l'analyse du cycle de vie, et à l'organisation du OFF du Développement Durable.

Frédéric Castaings, Manager R.N.D.

Frédéric Castaings est Manager « Forêt-bois » au sein de l'asbl Ressources Naturelles Développement (Marloie) depuis 2011. Originaire de la Lorraine française, dès1995 il a participé directement au développement de la construction bois dans le Grand-Est de la France, en Wallonie et au Grand-Duché de Luxembourg. Au travers d'actions ciblées vers les décideurs publics, leaders d'opinion, architectes... il a donné naissance à un élan bois dans la construction publique. Cette dynamique, il s'emploie aujourd'hui à l'amplifier en Wallonie.

Liesbeth de Jong, Paysagiste et urbaniste

Liesbeth de Jong architecte paysagiste diplômée de l'université de Wageningena. Elle forgé son expérience dans les infrastructures, dans les parcs publiques et urbains. Elle réalise son travail avec une équipe d'architecte, urbaniste, écologistes, hydrologistes, et designer urbain. Son cas d'expertise particulier est l'étude des relations entre l'utilisateur et lieu publique où il se trouve, les liens avec la nature et l'eau qu'il peut avoir avec son milieu environnant. Elle prend une part active à la recherche et au développement de solutions intégrants ces sujets, tels que les dispositifs de récolte des eaux des pluies naturels ou encore d'écoduc.

Atelier d'Architecture III A| 2015

ULg, FSA, Argenco, Jury d'ateliers d'architecture Bac 3: Logement collectif durable conception régénérative.

Student Name : _____   TOTAL   /100

1.	**Architectural Intelligence**	
	Urban integration (surroundings, massing)	
	Landscape an outdoor Design (solid and void)	
	Concept Strength and Consistency (morphology and story)	
	Respecting Program Requirements (14 apartments)	
	Function and circulation (horizontal and vertical, disability access)	
	Global Cohesion	/20
2.	**Coordination and Technical Quality**	
	Structure (integration in underground and typical floor, shear walls - *bracing*)	
	Service Shafts (position and coordination eg. rain, ventilation, DHW)	
	Service Battery (lifts and stairs)	
	Parking Garage (ramps, position underground, sizing and circulation)	
	Floor Height in section (mechanical ventilation and beam height)	
	Fire Safety (ambulance access, staircase protection)	/15
3.	**Regenerative Use of Materials**	
	Universal Design and Flexibility (future spatial multifunctional use, spaces and partitions)	
	Flexible Assembly and Disassembly (modular construction, ease of façade replacement)	
	Regenerative material of structure	
	Regenerative insulation material (biomass)	
	Fire safety, hygro and acoustic properties of material	/15
4.	**Energy**	
	Facades (WWR 30% south, orientation, shading devices)	
	Ventilation System (Double flow system)	
	Thermal Mass in building	
	Photovoltaics 200 squared meter (area, orientation, inclination)	
	Solar Thermal Water 50 squared meter (area, orientation, inclination) + Shafts	
	Exergy (energy source selection, energy balance)	/15
5.	**Sustainability, Water and Biodiversity**	
	Water collection (surface + Cistern 45 cubic meter: position, cistern tubes, irrigation)	
	Rainwater management and Green roofs	
	Vegetation (indigenous trees, shrubs and herbs)	
	Providing Habitat for species	
	Collective use of spaces (common kitchen, farming gardens, laundry)	/15
6.	**Form**	
	Completion of Drawings (Plans, Sections, Facades)	
	Drawing Clarity (space labeling, furniture, slopes, heights, structure representation)	
	Detail Quality	
	Model (trees, base)	/10
7.	**Personal Skills**	
	Concept Development and Evolution	
	Parallel thinking approach (not linear thinking approach)	
	Responding to multidisciplinary and complexity	
	Quality of presentation (Opening and closing of presentation, body language, eye contact)	
	Ability to debate	/10

Comments/Sketch :   Bonus

Initials : _____

Fig.43 Photo du Jury Finale (source: SBD Lab, 2015)

CONCLUSION

Cette année, l'atelier du projet architectural, SBD 2015, a été couronné par la présentation de projets de logements régénératifs réalisés par des bacheliers ingénieurs architectes de l'ULg à l'hôtel de la ville de Marche en Famenne. L'assistance était composée des personnes suivantes :

- André Bouchat, Bourgmestre de Marche en Famenne.
- Jose Schwannen, 1iere attaché DGO4, Direction Arlon.
- Philippe Péret, Architecte Urbaniste à la Ville de Marche en Famenne.
- Nadine Godet, Directrice, Ressources Naturelles Développement asbl.
- Frédéric Castaing, Directeur «Forêt-Bois», Ressources Naturelles Développement asbl.

La commune de Marche en Famenne est désireuse de bâtir des nouveaux quartiers durables. Pour soutenir cette démarche elle étudie les principes de villes durables et intelligentes en vue de les intégrer. L'un des objectifs de cette année était la collaboration avec la Société de Logement Wallon (SLW) en vue de l'aider dans ses investigations de développement d'un cahier de charge permettant d'atteindre les objectifs durables du projet. Par conséquent, dans l'atelier SBD nous avons cherché à stimuler la créativité des élèves et à étudier des solutions très diversifiées autour de quatre principes de conception principaux:

1. Architecture Bioclimatique et Standard passif
2. Energies renouvelables
3. Matériaux régénératives
4. L'eau et la biodiversité

L'objectif était de ne pas proposer un projet répondant à la pratique réelle et les conditions du marché, mais de générer une série de concepts comme un exercice pour échanger des idées créatives innovantes et d'apprendre des expérimentations des étudiants. Les points suivants mettront en évidence les discussions qui ont eu lieu au cours de la présentation.

MOBILITÉ:

La présence de la N4 a un fort impact sur le projet. La route nationale N4 crée du bruit et de la pollution de l'air qui doivent être pris en compte. Le plan directeur a évité toute relation avec la N4; cependant il n'y a pas de plan de mobilité solide pour le nouveau quartier. Parmi les discussions de la réunion, la mobilité a été une question importante. La pluralité de l'offre des types de transport doit être considéré dans un Eco Quartier. Le masterplan prévoyait un quartier sans voiture encourageant les allées piétonnes et la mobilité douce. La conséquence directe d'un quartier sans voiture est l'exclusion du parking et l'augmentation des taux de marche et d'utilisation du vélo. Moins de terres occupées par le stationnement et les routes signifie plus de place disponible pour les espaces verts et/ou public ainsi que le jeu actif chez les enfants. Parallèlement à la N4, un élément important relevé par le travail révèle que le plan de mobilité devrait être associé à l'intégration d'une barrière physique acoustique. Ainsi la mobilité dans le site de Franciscaine est restée comme un point de discussion ouvert qui nécessite une vision à partir d'une perspective urbaine et la mobilité.

CONCEPTION BIOCLIMATIQUE ET STANDARD PASSIF:

Les principes de conception bioclimatiques ont été bien intégres dans es projets présentés. L'idée de créer des appartements transversant tout en orientant le bâtiment vers le sud afin de maximiser l'interaction et l'impact bénéfique du soleil a été bien perçu par la plupart des étudiants. Malgré une certaine critique de surchauffe pendant l'été tous les projets avaient des caractéristiques d'ombrage et des éléments qui ont réussi à créer une identité pour chaque projet. L'idée d'intégrer des puits canadien pour refroidir passivement le bâtiment était un autre point de discussion qui a montré la bonne estimation des stratégies de conception passif et actif pendant l'été. Cette année la principale critique du jury était orientée sur l'absence de validation quantitative basée sur la simulation numérique ou de calculs de performance. Le projet deviendrait plus concret si les calculs de simulation et de PEB étaient développés pour estimer la consommation annuelle et le risque de surchauffe. La SWL a mis en évidence un aspect important lié à la masse du bâtiment et la compacité du volume. En raison de cette exigence de compacité du volume le SWL préfère exclure les escaliers et les espaces de circulation communs de la masse chauffée du bâtiment. Les experts de la SWL ont même suggéré d'éviter les ascenseurs en raison de leur coût initial élevé de 25.000 euros et leur coût d'entretien et de contrôle d'un minimum de 1000 euros par an. De nombreux étudiants ont incorporé ces idées à leur projet et ont sorti les batteries de circulation verticale du volume isolé et chauffé du bâtiment.

En ce qui concerne l'exigence de la norme passive certains experts SWL ont critiqué le système de ventilation double flux (système D). Ils ont supposé que les locataires des logements sociaux ne soient pas en mesure de faire face au réglage d'un tel système, qui nécessite un entretien sérieux et l'interaction des occupants. Cependant, nous avons supposé que pour un tel projet pilote, 50% des appartements soient livré en acquisitif et que soit organisé une formation des utilisateurs pour en apprendre d'avantage sur le fonctionnement tel bâtiment de haute technologie. Le logement social passif que nous avons visité l'année dernière à Marcine le est un exemple réussi (Attia 2015). Aussi en 2020 il n'y aura pas d'autre choix que d'utiliser le système D en Wallonie en raison de la réglementation européenne. Par conséquent, nous nous attendons à un changement et un progrès en ce qui concerne l'interaction des utilisateurs avec ces bâtiments de haute technologie qui sont le seul chemin qui peut nous emmener vers des communautés zéro énergie.

LE BOIS COMME UN MATÉRIAU DE RÉGÉNÉRATION :

Les projets des étudiants ont réussi à convaincre les experts du panel quant à la pertinence de l'utilisation du bois et des matériaux locaux à base de bio. Le système poteaux-poutres est un system constructif robuste qui peut atteindre facilement jusqu'à 6 étages sans faire face à des problèmes structurels. Il nécessite une attention particulière pour les problèmes acoustiques mais cela peut être prévu lors de la conception et construction. L'avantage d'un tel système est que les matériaux sont locaux et le savoir-faire est intégré au sein de l'industrie de la construction belge. A travers les concepts de conception variables cette année il y avait une variété de matériaux de construction : allant du chanvre, aux ballots de paille en passant par l'argile ou encore le bois. La plupart des projets présentaient des solutions de construction hybride. Chaque étudiant devait identifier 5 grands volumes de matériaux utilisés dans leur projet. Ensuite, une analyse de traçage a été menée par chaque élève pour identifier la quantité de volume de matière, l'origine, la distance de transport et la durabilité. En conséquence de nombreux étudiants ont éliminé des systèmes de construction non locaux, tels que CLT et ont réussi à identifier des matériaux optimaux pour l'isolation des systèmes de construction et de revêtement de la façade. Cependant, l'utilisation du bois dans la finition des façades a soulevé de nombreuses préoccupations au sujet de son vieillissement et de son grisement.

Fig.44 Conférence de presse à l'hôtel de ville de Marche en Famenne avec le Bourgmestre et les projets des étudiants

MIXITÉ SOCIALE ET RÉSILIENCE :

La mixité sociale a été discutée par le bourgmestre de Marche en Famenne comme une réflexion aux plans des étudiants. Les projets de plusieurs étudiants comprenaient des espaces communs pour activités polyvalentes. L'idée de créer des espaces communs centraux sous la forme d'un hall d'atrium ou d'un espace d'activité sociale (sport, musique etc.) a été proposé par plusieurs étudiants. L'objectif de ces espaces est de fournir des services d'accompagnement pour les habitants et d'héberger différentes activités sociales. Les utilisateurs du bâtiment peuvent identifier leurs besoins actuels mais aussi futurs tels que : crèche, garderie d'enfant et de service sociale. Ces espaces peuvent également être utilisés dans une phase évolutive de la vie du bâtiment à destination des personnes âgées. La durabilité sociale des projets proposés a été basée sur la flexibilité et l'utilisation multiple des espaces et des services communs. Le concept de logement intergénérationnel permet à différentes générations de cohabiter dans le bâtiment ou même de modifier la fonction du bâtiment à l'avenir pour devenir une résidence pour personnes âgées. Cette idée a été accueilli positivement particulièrement car le bâtiment est entouré de plusieurs équipements tels que maison de repos, supermarché et le parc. Enfin, la résilience de l'utilisation du bâtiment peut être mesurée par son adaptation aux besoins sociaux et activités des utilisateurs ainsi que par la capacité de démanteler la structure existante ou de réorganiser l'architecture intérieure pour une utilisation future différente. La prolongation de l'utilisation du bâtiment et de la réutilisation de ses fondations avec différents paramètres : structurels, spatiaux et systèmes de construction, identifie la nature régénératrice du projet.

Création de systèmes de représentation de l'information :

Un autre sujet d'actualité qui a été discuté lors de la présentation a été l'utilisation de Building Information Modeling BIM. La municipalité était intéressée par l'aide de la technologie BIM afin de mieux coordonner et intégrer les aspects techniques, architecturaux et structurels. Dans le cas de l'atelier du projet architectural, SBD 2015 la plupart des étudiants ont utilisé le programme Autodesk Revit pour modéliser l'architecture de leur projet. L'avantage d'un modèle BIM est principalement dû à un gain de temps et à une coordination sans faille entre les disciplines d'ingénierie. Aussi l'utilisation d'un modèle après la construction aidera dans l'exploitation et la gestion du bâtiment. La discussion a mis en évidence l'importance de la technologie BIM et comment les étudiants ULG devraient l'utiliser dans leurs projets futurs.

Enfin, le panel a remercié tous les étudiants participants pour leur aide dans la définition d'une meilleure vision des objectifs futurs des scénarios de conception du quartier écologique.

EPILOGUE

L'atelier a duré 4 mois, pendant ce laps de temps, il était demandé aux étudiants de s'intéresser particulièrement à la construction et au design régénératif. Les élèves devaient créer 15 appartements en tenant compte de divers critères tels que l'énergie, l'eau, les matériaux ou encore la biodiversité. Dans ce contexte, les élèves se sont rendu compte que ce n'est pas suffisant d'atténuer les effets négatifs de l'activité humaine. Au contraire, il faut aujourd'hui générer un impact positif, comme à l'époque préindustrielle, afin de pouvoir vivre sur terre sans surexploiter celle-ci et mener à l'extinction de nos espèces. Cela se traduit par une empreinte écologique inférieure à aujourd'hui. Cette approche est réalisée à travers le paradigme régénératif qui encourage le développement de ressources réutilisables et le design de bâtiments à impacts positifs sur l'environnement.

La plupart des étudiants décrivent ce projet comme complexe, mais pas pour autant intéressant, et découvrent le concept de construction écologique/régénératif. Suite à la lecture de différents rapports produits par les étudiants, je pense pouvoir dire que les étudiants étaient globalement heureux et fière d'investir autant de temps dans cet atelier, qui les a mener à de nouveaux apprentissages. La raison de ce retour est principalement que le projet leur a permis d'exercer un nouveau type d'architecture. Le résultat final est influencé par les pensées écologiques et régénératives. Il est également nécessaire de préciser l'influence positive qu'a eue la visite de sites « Cradle to Cradle Park 2020 », un ilot des bâtiments tertiaires à Hoofddorp au Pays-Bas. Cette expérience a profondément marqué les élèves dans leurs recherches. Lors du jury intermédiaire, la plus part des élèves avaient déjà intégré un système de construction durables et des solutions technologiques telles que l'isolation à l'aide de matériaux fibreux, des systèmes de productions d'électricité et de chaleur avec un rendement plus élevés et utilisant des calories gratuites (Panneaux photovoltaïques, PAC,…). Le concept de durabilité était présent dès la phase de conception du projet, ce qui leur a permis d'apporter des résultats de calculs pour supporter et valider leur discours. Au final, les résultats obtenus présentaient une importante qualité architecturale basée sur des bâtiments compacts anticipant l'évolution climatique et respectant les principes bioclimatiques, tout en prenant en compte les considérations écologiques, biologiques et techniques. L'utilisation des ressources naturelles présentes sur le site (eau, air, électricité & sol) était optimisée, tout en privilégiant le côté écologique et social.

Durant le processus de conception, les étudiants ont été invités à débattre entre eux et avec les professeurs ou professionnels. A côté des visites et des séances hebdomadaires de revues de leur projet, le débat a été utilisé comme un outil pédagogique permettant d'enseigner les conséquences sur l'environnement des bâtiments. Celui-ci avait également comme objectif de casser l'aspect de compétition entre les élèves, et donc de promouvoir les échanges, les collaborations entre les élèves afin de comprendre la complexité du design régénératif et de répondre à la question principale suivante : Comment créer un bâtiment à impact positif sur l'environnement ? Plusieurs étudiants ont ainsi consulté leur membre de famille ou des professionnels du métier pour discuter de leurs projets. D'autres ont même été plus loin et on prit en compte le contexte socio-économique Wallon, en allant plus loin que ce que demandait le projet, et en se demandant si leur projet serait réalisable dans un cadre réel. Trois défi principaux sont apparus lors des débats :

1. Jusqu'où aller avec technologie ? (low tech vs high tech et les implications de couts),
2. Jusqu'à où devrait être fixée une performance minimal ciblée ? (bâtiment basse énergie 30 kWh.m2.a ou ultra basse énergie 15 kWh.m2.a) et
3. Faut-il certifier les bâtiments durables ? (eg. Cradle to Cradle, BREEAM, Valideo etc.).

Inspiper par l'approche régénérative de conception les étudiants ont confirmé qu'il faut repenser la conception et construction de nos bâtiments, augmenter la flexibilité et durée de vie du bâti, améliore la qualité de vie dans le volet territorial pour tendre vers l'économie circulaire. Ils se sont rendu compte qu'il y a un problème inhérent avec les labels des bâtiments durables, car ceux-ci ne sont pas contextualisés à une région en particulier. Il y a un besoin de label et outil adapte au contexte réglementaire belge et aux bonnes pratiques du secteur de la construction. Enfin, Les discussions intensives et les recherches collectives ont permis de renforcer les connaissances des étudiants et ont démontré la difficulté et la complexité à évaluer l'architecture et construction durable.

Finalement, je souhaiterais remercier tous les étudiants pour l'engagement dont ils ont fait preuve. Je souhaiterais également étendre ces remerciements au jury. L'évaluation de l'atelier était basée sur une étude précise de chaque projet, et la confrontation avec des professionnels de la problématique en Belgique. Malgré la complexité du projet, le jury a recherché les solutions innovantes qui engendraient une haute qualité architecturale, tout en intégrant des systèmes durables . J'espère que ce recueil permettra, pour l'atelier de l'année 2015, d'en révéler les buts, le processus et la signification de l'atelier d'architecture III – Logement Collectif durable et Conception régénérative.

ULG | ARGENCO | SBD

PARTICIPANTS

Etudiants	Barzin	Charles
	David	Damien
	Fantou	Léa
	Freson	Thomas
	Gatellier	Baptiste
	Ozkan	Muhammed Furkan
	Grella	Maxime
	Jacquemin	Perrine
	Lecomte	Lucas
	Matthys	Coralie
	Paesmans	Mathieu
	Pinckaers	Catherine
	Sevin	Matthieu
	Stylianidis	Eleftherios
	Tagny	Dominique
	Vergnaud	Chloé
Professeur	Attia	Shady
Assistant	De Wispelaere	Olivier

Fig.45 Photo du Jury Finale
(source: SBD Lab, 2015)

REPERES BIBLIOGRAPHIQUES

Attia, S. (2016) Towards regenerative and positive impact architecture: a comparison of two net zero energy buildings, Sustainable Cities and Society. 10.1016/j.scs.2016.04.017

ATTIA, S. (2015) Yearbook 2014-2015 Ateliers d'Architecture III: Logement collectif durable et conception régénérative, SBD Lab,Liege, Belgium, ISBN: 978-2930909004.

ATTIA S., DE HERDE, A. (2011) Defining Zero Energy Buildings from a Cradle to Cradle Approach, Passive and Low Energy Architecture, Louvain La Neuve, Belgium.

ATTIA S., BENEY, JF., ANDERSEN, M. (2013) Application of the Cradle to Cradle paradigm to a housing unit in Switzerland: Findings from a prototype design, PLEA, Munich, Germany.

CHARMES E. (2010) «La densification en débat» Etudes Foncières n°145, p. 20-23.

FERNANDEZ PER A. & ARPA J. (2010) «Density Projects», Madrid : a+t edicones,.

FRANK F. (2012) «Des théories urbaines au logement collectif contemporain », Lausanne: Presses Polytechniques Romandes.

MCDONOUGH W., and Braungart M. (1992) «Hannover Principles: Design for Sustainability». Hannover, Germany.

MCDONOUGH W., and BRAUNGART M. (2002) "Beyond the Triple Bottom Line: Designing for the Triple Top Line", Corporate Environmental Strategy, Volume 9, Number 3.

MCDONOUGH W., and Braungart M. (2001) "The Extravagant Gesture: Nature, Design and the Renewal of Human Industry." Sustainable Planet: Solutions for the Twenty-first Century, edited by Juliet Schor and Betsy Taylor.

MCDONOUGH W., Braungart M., Anastas P., and Zimmerman J. (2003) "Applying the Principles of Green Engineering to Cradle-to-Cradle Design." Environmental Science & Technology December 1, 434A-441A.

QUINCEROT R. & WEIL M. (2008) «Revue Habitation n°3» p.4-7, Genève : www.cgionline.ch.

STAMM W., FISCHER K., HAAG T. (2010) « Raumpilot Wohnen», Stuttgart: Krämer Verlag, Wüstenrot Stiftung.

WILLIAMS K. & al. (2000) «Achieving sustainable form», Londres: Spon.

CONFERENCES RECENTES

ATTIA, S., (2015) Cradle to Cradle Studio, Circularity in the Built Environment, TU-Delft, Delft , 01.07.2015.

ATTIA, S., (2015) Regenrative Design of Residential building in Belgium, Commune de March en Famenne, 24.06.2015.

ATTIA, S. (2015, June). Overview and recommendation on urban densification potentia in Liège, Belgium. In International conference on high-quality retrofit and redensification with timber construction systems. Graz, 18.06.2015.

ATTIA, S., (2015) Designing Zero Energy Buildings frmo Passive to Active Buildings, Building, Architecture & Town Planning Department, Brussels School of Engneering, Université Libre de Bruxelles - ULB, Brussels, 28.04.2015.

ATTIA, S., Application of the Cradle to Cradle paradigm to a housng unit in Switzerland: Findings from a prototype design, Munich, 22 October 2013.

WEBSITE D'ATELIER

www.sbd.ulg.ac.be/academic/StudioRegen/index.html

REMERCIEMENTS

La réalisation de cet atelier de projets 2015 n'aurait pas été possible sans la contribution de plusieurs personnes et entités que le SBD Lab souhaite remercier ici :

- Les étudiants de l'atelier qui sont engagés avec détermination, créativité et assiduité dans le développement de leurs projets, en répondant à des exigences didactiques élevées.

- L'assistant Olivier De Wispelaere qui a su transmettre sa passion de l'architecture avec patience et pédagogie qui a contribué au suivi des projets et aux critiques de l'atelier.

- Le conférencier Coert Zachariasse, directeur de Delta group qui nous a permis de visiter le Parc 2020 et a ouvert la porte pour le laboratoire SBD et les étudiants BA3 pour visiter les projets du Parc et comprendre leur perspective de développement durable à partir d'un développement immobilier et de l'investissement d'une entreprise privée.

- Les expert extérieurs, Bob Geldermans, ingénieure architecte et chef de section recherche et de la conception climatique, Faculté d'architecture et l'environnement bâti, Université de Technologie de Delft, Andromaque Simon ingénieure architecte et expert de construction durable et certification de bâtiments durables BREEAM en Belgique et en France, Liesbeth de Jong paysagiste et expert d'aménagement de territoire dont les apports aux critiques finales ont été particulièrement appréciés. Frédéric Castaings Manager « Forêt-bois » au sein de l'asbl Ressources Naturelles Développement (Marloie) et expert de la construction bois dans le Grand-Est de la France, en Wallonie et au Grand-Duché de Luxembourg

- Julie-Marie Duro, photographe à Liège, qui a réalisé l'ensemble des photos de maquette illustrant la présente publication.

- Enfin notre gratitude s'adresse à l'Université de Liège (ULg), à la Faculté des Science appliquées (FSA), Institut de Formation et de Recherche en Enseignement Supérieur (IFRES) et au département Argenco qui, grâce a la qualité de leurs membres et leurs infrastructures, constituent un cadre particulièrement adapte pour le développement d'un tel enseignement.

www.ingramcontent.com/pod-product-compliance
Lightning Source LLC
Chambersburg PA
CBHW042303150426
43196CB00005B/66